TRAITÉ

DES

MALADIES DES YEUX.

TOME QUATRIÈME.

DE L'IMPRIMERIE DE FIRMIN DIDOT,

IMPRIMEUR DU ROI, ET DE L'INSTITUT, RUE JACOB, N° 24.

Peint par Latour.   Dessiné et Gravé par N.F.J. Masquelier, en 1792.

TRAITÉ

DES
MALADIES DES YEUX,

AVEC DES PLANCHES COLORIÉES

REPRÉSENTANT CES MALADIES D'APRÈS NATURE,

Par A. P. DEMOURS,

Médecin oculiste du Roi et des Maisons de l'ordre royal de la Légion-d'Honneur, Chevalier de la Légion, Médecin de l'ancienne Faculté d'Avignon, Docteur-Régent de l'ancienne Faculté de Paris, Membre de la Société Académique et de la Société de Médecine de la même ville, associé de celles de Marseille, de Bruxelles, et d'Orléans.

Segnius irritant animos demissa per aures,
Quam quæ sunt oculis subjecta fidelibus.

TOME QUATRIÈME

Contenant les planches qui représentent les Maladies des yeux, avec leurs explications, et la traduction de l'ouvrage de SAMUEL THOMAS SOEMMERRING, intitulé : *Icones oculi humani.*

CHEZ L'AUTEUR, RUE DE L'UNIVERSITÉ, Nº 19,
ET CROCHARD, LIBRAIRE, RUE DE SORBONNE, Nº 3.

1818.

AVERTISSEMENT

DU TRADUCTEUR.

Les circonstances qui contribuent le plus à la destruction des hommes, sont aussi celles qui font découvrir et qui développent le plus de moyens propres à leur conservation.

BRIOT, *Mém. de la Société médicale d'Émulation.*

La description de l'œil humain, par Zinn, passait depuis long-temps pour être d'une fidélité parfaite. Les planches de cet habile anatomiste sont en effet aussi exactes et aussi belles qu'on pouvait l'attendre de l'état dans lequel étaient alors la science de l'anatomie et l'art de la chalcographie. L'une et l'autre ayant fait, de nos jours, des progrès plus rapides qu'à aucune autre époque, je me proposais de faire graver mes propres dessins, fruits de mes dissections multipliées, lorsque Soemmerring publia son ouvrage sur l'œil humain : dès ce moment je pensai que je ne pouvais rien faire de mieux que de reproduire ses belles planches, et de faire passer dans notre langue les explications claires, exactes et précises qu'en a données leur célèbre auteur. Je le dirai avec la même franchise; le sacrifice de mes dessins a été d'autant moins méritoire, que les siens devaient être nécessairement plus fidèles : Soemmerring faisait sa résidence au milieu du théâtre de la guerre : il voulait que les malheurs de l'humanité servissent à son soulagement, et il a mis à profit les nombreuses occasions qu'il a rencontrées pour obtenir la connaissance entière et parfaite des différentes parties qui composent l'organe de la vision, connaissance qu'il ne pouvait se procurer qu'en examinant leur structure sur des sujets récents.

J'ai été déterminé, dans l'intérêt de la science, à offrir au public la traduction de son savant ouvrage, 1º parce que le prix excessif de l'original est un obstacle à ce qu'il soit aussi répandu qu'il mérite de l'être; 2º parce que les importantes occupations de l'auteur ne lui ayant probablement pas permis d'en surveiller l'impression, on y trouve fréquemment des négligences et même des fautes qui nuisent à la clarté (1). Je devais cet avertissement aux per-

---

(1) Ces fautes consistent sur-tout en un défaut de correspondance entre le texte et quelques-unes des lettres indicatives des planches au trait.

sonnes qui ont l'original, et qui, en le comparant avec ma traduction, pourraient croire que les rectifications que j'ai été obligé d'y faire sont elles-mêmes des fautes.

Je dois également les prévenir que j'ai cru pouvoir me dispenser de reproduire ici la planche première qui représente, en dix figures, l'œil d'un homme, celui d'une femme, celui d'un nègre, celui d'une Albinos âgée de onze ans, et enfin celui d'une jeune femme de vingt-cinq ans, pendant le sommeil : tous ces yeux sont dessinés de face et de profil. Je n'ai pas reproduit non plus les quatre figures de la planche 7, et la figure 1 de la planche 3, qui peuvent être remplacées par une tête humaine sèche, avec autant et peut-être même plus d'utilité pour l'instruction du lecteur. Par une conséquence naturelle, on ne trouvera dans la traduction, ni les explications de ces figures, ni les passages qui s'y rapportent dans le texte de Soemmerring.

CHR. KOECK a dessiné, sur des modèles frais, la totalité des planches de l'original.

Celle que j'ai reproduite dans les quatre premières de mon ouvrage a été gravée, à Vienne, par CL. KOLH.

Les trois planches comprises dans les cinquième, sixième, septième, huitième, onzième et douzième, sont dues au burin de J. C. BOCK.

La cinquième, qui est rendue par la neuvième et la

dixième, a été gravée par Vin. Scarpati, sous la direction
du célèbre Poli, de Naples.

Les frères Klauber ont été chargés de l'exécution de la
huitième, qui fait ici la treizième.

Les habiles graveurs que j'ai employés méritent les plus
grands éloges, tant pour la perfection de l'exécution que
pour la patience infatigable avec laquelle ils se sont prêtés
à toutes les corrections, à tous les changements que j'ai
successivement demandés, afin de donner à ce travail le
degré de perfection dont il était susceptible, et auquel
doit aspirer tout auteur jaloux de la confiance et des suf-
frages d'un public éclairé. En le lui offrant, j'ai la satis-
faction d'avoir contribué à répandre un ouvrage important,
et la conviction que sa lecture, en donnant des notions plus
exactes sur la véritable structure des différentes parties qui
composent l'organe de la vision, conduira, par une conséquence naturelle, à mieux connaître et à mieux traiter les
maladies nombreuses auxquelles il est sujet.

TRAITÉ

DES

MALADIES DES YEUX.

DESCRIPTION FIGURÉE

DE L'ŒIL HUMAIN.

Explication des quatre premières Planches.

Ces planches font connaître complétement la structure des paupières. Elles présentent particulièrement les sourcils, les cils, le muscle qui sert à fermer les paupières, leurs nerfs, leurs artères et leurs veines, les organes qui fournissent les larmes, et ceux qui ont pour usage de reprendre cette liqueur, lorsqu'elle s'est acquittée de ses fonctions.

PLANCHE PREMIÈRE.

Figure 1.

Muscle orbiculaire, ou sphincter des paupières du côté gauche chez un adulte.

Ce muscle, qui non-seulement défend le globe de l'œil en le couvrant, mais encore sert à entretenir la transparence de la cornée, en la nettoyant, est, comme on le voit ici, d'une si

IV.   2

grande étendue, qu'il se prolonge au-delà des bords osseux de l'orbite.

Ses fibres ont une direction elliptique.

Leur situation fait connaître qu'il ne peut ni agir ni se contracter, sans tirer en même temps la peau du front et celle de la joue.

Par l'action de ce muscle, lorsque ses fibres sont dans la situation représentée, les paupières s'approchent l'une de l'autre, et le globe de l'œil est voilé.

On est dans l'usage de dessiner l'orbiculaire sous une forme plate. J'ai eu soin de faire rendre distinctement sa forme particulière, en faisant placer les ombres nécessaires pour produire cet effet, et il suffira d'un coup-d'œil pour voir tout de suite qu'il s'applique, non-seulement au globe, mais encore à l'orbite.

a. b.   Ligne séparant les deux paupières fermées.

a.   Angle interne de l'ouverture.

b.   Angle externe.

c.   Ligament tendineux qui unit les paupières dans le grand angle, et les attache à l'apophyse nasale de l'os maxillaire supérieur.

d.   Faisceaux les plus épais des fibres de ce muscle, qui s'attachent par en haut autour de l'os du front, delà sur l'os lacrymal, et sur l'apophyse nasale de l'os maxillaire supérieur.

e. f.   Faisceaux de fibres qui se mêlent au muscle sourcilier et au frontal.

g.   Faisceaux de fibres plus déliés qui recouvrent la paupière supérieure.

h.   Fibres un peu plus épaisses qui s'attachent au bord inférieur du ligament des paupières, et à l'apophyse nasale de l'os maxillaire supérieur.

i.   Fibres qui ont leur direction vers le nez.

k.   Fibres déliées qui correspondent à la paupière inférieure, et se trouvent mêlées ou entrelacées sous des
angles aigus, auprès de l'angle externe de l'ouverture
des yeux, avec les fibres de la paupière supérieure.

l. m.   Fibres très-délicates, situées vers les tempes.

m. n.   Fibres qui se portent vers la joue.

o. o.   Fibres qui, séparées ou dispersées, se trouvent aussi les
plus éloignées.

p. p.   Fibres serrées, qui, sous une forme elliptique, bordent
l'ouverture des paupières, et auxquelles Albinus a
donné le nom de muscle propre *ciliaire*.

Figure 2.

Nerfs des paupières du côté droit, prises sur un jeune homme
de dix-huit ans, mort de phthysie.

De ce dessein entièrement nouveau, il résulte évidemment
que les nerfs des paupières appartiennent principalement à la
première et à la seconde branche de la cinquième paire, savoir,
ceux de la paupière supérieure au nerf frontal ou première
branche, et ceux de la paupière inférieure au nerf sous-orbitaire
ou seconde branche; enfin, que leurs faisceaux principaux sont
séparés par des intervalles à-peu-près égaux.

Malgré tous les soins que j'ai pris pour ménager autant que
possible les filets en les disséquant, et quoique, graces à la rare
habileté du peintre et du graveur, je sois parvenu à représenter
un beaucoup plus grand nombre de fibrilles de nerfs que mes
devanciers, je dois cependant avouer qu'il manque ici plusieurs
filets que l'on trouvera facilement, en disséquant la paupière par
sa face interne, et non, comme je l'ai fait, par sa face externe.

Il n'était pas facile de ménager les légers filets qui se distribuent à la surface de la peau des paupières, et qui partent du nerf facial.

Tous les filets de nerfs que l'on voit ici ont été représentés avec la plus scrupuleuse fidélité, ni plus gros ni plus déliés qu'ils ne sont dans la nature. J'ai pris également les plus grandes précautions pour ne pas changer leur situation en les préparant, et pour qu'en les tirant, l'action de la main ne les rendît pas plus longs que nature.

On voit donc que les petits troncs de nerfs destinés aux muscles pénètrent presque toujours transversalement les fibres des muscles auxquels ils appartiennent.

a. *Nerf frontal de la première branche* de la cinquième paire des nerfs cérébraux, qui passe au front par l'échancrure ou trou orbitaire supérieur.

b. Rameau interne de ce nerf frontal qui se distribue dans la peau.

c. Rameau du milieu du même nerf, qui se répand dans le muscle frontal et la peau qui le recouvre.

d. Rameau le plus fort et le plus extérieur de ce même nerf frontal, qui se distribue, en tous sens, dans le muscle frontal et dans la peau du front.

e. f. *Rameaux sourciliers* du nerf frontal qui se distribuent,

g. g. Partie dans le muscle frontal,

g. e. Partie dans la peau du sourcil,

h. h. Partie dans la paupière supérieure,

i. i. Et enfin s'anastomosent avec les filets du nerf facial.

k. k. *Nerfs palpébraux supérieurs.*

l. l. Filets qui s'anastomosent, ou qui forment entre eux des anses.

m. m. Filets extrêmement déliés, qui, sortis de ces anses, se dirigent vers la marge de la paupière supérieure.

n. n. Petits rameaux qui se perdent dans l'angle interne de l'œil, et s'unissent avec un filet du nerf sous-orbitaire.

p. q. r. *Nerfs palpébraux inférieurs* qui partent du nerf sous-orbitaire, et entourent la veine faciale. *p.* le supérieur, *q.* celui du milieu, *r.* l'inférieur.

Le supérieur de ces nerfs de la paupière inférieure (*p*) se divise en

s. Un rameau, qui se perd dans le sphincter des paupières;

t. Un rameau, qui s'unit auprès de la marge de la paupière avec les rameaux voisins;

u. Un rameau, qui revient en arrière, et qui

v. v. Se distribue en partie à la peau, et s'unit en partie avec les filets du nerf facial.

Celui du milieu de ces nerfs de la paupière inférieure (*q*) se partage en

w. Un rameau, qui se joint au rameau descendant du nerf de la paupière supérieure;

z. Un rameau, qui se distribue, en patte d'oie, dans le sphincter des paupières;

y. Un rameau, dont une partie se perd dans ce même muscle, et dont l'autre se réunit avec des filets du nerf facial.

Le nerf inférieur de la paupière inférieure (*r*) se divise en

z. Un rameau, qui se distribue à la face interne du sphincter des paupières, en un rameau contigu, et en

β. γ. Un rameau, qui fournit à la partie la plus éloignée de ce muscle, et s'unit avec des filets du nerf facial.

δ. δ. De la réunion de ces filets en forme d'arcade naissent des fibrilles qui prennent leur cours vers la marge de la paupière.

ε. ε. Rameaux de l'artère frontale.

ζ. Petits rameaux de l'artère temporale.

PLANCHE 2.

Figure 1.

Figure exacte des artères palpébrales d'un homme d'un âge moyen, prises du côté droit, et remplies modérément du cinabre le plus délié.

Comme je me suis servi, pour remplir les artères palpébrales, d'une matière très-tenue, elles ne présentent ni trop d'inflexion ni trop d'étendue; on les voit de grandeur naturelle.

On voit que les paupières sont abondamment pourvues d'artères, afin, sans doute, de favoriser la distribution du sang dans leurs moindres parties. On peut remarquer quatre côtés principaux d'où arrivent les vaisseaux; ils viennent en effet

Des parties supérieures, par l'artère temporale, K.

Des inférieures, par l'artère sous-orbitaire, z.

Des intérieures, par l'artère ophtalmique, C.

Des extérieures, par l'artère temporale et par la transversale de la face F. G. H. I. On peut remarquer que ces artères forment des anastomoses fréquentes par des rameaux considérables, et que leurs inflexions les rendent propres à céder facilement aux mouvements des paupières, soit continuels, soit accélérés, même violents, sans que la circulation du sang en éprouve aucun dérangement.

J'ai voulu sur-tout rendre avec fidélité la forme, le cours, la distribution des rameaux, et les anastomoses des artères palpébrales.

En comparant cette représentation des artères avec celle des nerfs de la figure seconde, planche première, on remarquera, particulièrement dans la paupière inférieure, que les artères suivent la direction des nerfs; ce qu'on voit encore plus clairement dans les rameaux de l'artère u que dans les autres.

Je profite de l'occasion pour démontrer, par une figure, ce

que j'ai enseigné dans la myologie, savoir, que « le plus souvent, plusieurs petits troncs d'artères se portent aux muscles sous des angles très-divers, et qu'avant de se mêler à ces muscles, ils se divisent en rameaux déliés, qui se partagent ensuite, et accompagnent bientôt, par leurs sous-divisions et leurs filets fréquemment anastomosés entre eux, les fibres musculaires, de façon qu'après une injection heureuse des vaisseaux, la presque totalité du muscle, vue à la loupe, paraît composée de vaisseaux sanguins. »

C'est ce que le peintre s'est attaché à rendre sensible dans le lieu marqué 1. 2. 3.

Par cette figure, représentée d'après nature, les chirurgiens jugeront facilement comment, en enlevant différentes tumeurs, en faisant l'extraction de fragments d'os, en ouvrant le sac lacrymal ou quelque abcès, on doit diriger le bistouri, pour ne pas occasionner une perte de sang inutile.

Ils y appercevront encore une indication sûre pour arrêter l'hémorrhagie des parties lésées et en prévenir le retour.

A.   Rameau externe ou profond de l'artère ophtalmique qui sort de l'orbite.

B.   Rameau interne ou cutané de cette artère.

C.   Prolongement du tronc de l'artère ophtalmique qui sort de l'orbite pour fournir aux paupières, ou *petit tronc palpébral*. Il donne naissance à

a.   *L'artère sourcilière*, qui, avec un rameau de l'artère nasale partant de la faciale, forme *l'arc orbitaire supérieur*. De cet arc, indépendamment de petits filets pour le muscle et la peau, naissent :

b.   Un filet pour diverses parties du front ;

c.   Un filet qui en partie se perd dans le front, et en partie s'anastomose avec des filets de l'artère temporale ;

d.   Un filet pour le muscle frontal;

e. f. g. h. Quatre filets qui s'anastomosent avec des filets de l'artère temporale;

i.   Un filet qui s'anastomose avec un filet de l'artère temporale.

k.   Continuation du rameau sourcilier, qui se joint avec

l. l. *L'artère du milieu* de la paupière supérieure.

m.   Du petit tronc palpébral prolongé (*e*) sort

n.   L'artère palpébrale supérieure, qui bientôt se divise en

o.   Un rameau supérieur et en

p.   Un rameau inférieur. Ce rameau inférieur forme l'arc palpébral supérieur, et, par un filet principal,

q.   S'anastomose à l'artère palpébrale inférieure, peu après sa jonction avec un filet de l'artère lacrymale, pour donner ensuite

r.   Un rameau, qui forme une anastomose avec l'artère nasale et

s.   *L'artère palpébrale inférieure*, qui, se portant à la paupière inférieure derrière le ligament palpébral, forme *l'arc palpébral inférieur q. s.;* donne

t.   L'artère du milieu pour la paupière inférieure, et se joint, par une anastomose, à un filet de l'artère sous-orbitaire.

D.   *Artère nasale* qui part de la faciale, et donne aux paupières trois rameaux principaux, savoir:

u.   *Un rameau inférieur* qui s'anastomose aux rameaux de l'artère coronaire des lèvres, de la transversale de la face, et de la sous-orbitaire;

v.   *Un rameau du milieu* anastomosé à l'artère palpébrale qui tire son origine de l'artère ophtalmique;

w.   *Un rameau supérieur*, dont un filet se distribue dans le front, et l'autre passe dans *l'artère sourcilière*.

y.   Un quatrième rameau plus élevé de l'artère nasale se répand dans la peau du front.

E.   Rameau de l'artère coronaire de la lèvre supérieure, qui monte à la paupière inférieure, et forme une anastomose avec un filet remarquable de l'artère transversale de la face.

F.   Rameau de l'artère transversale de la face, dont les filets, en se réunissant à ceux de l'artère temporale (G), parviennent jusqu'à l'arc palpébral inférieur.

z.   Rameau de l'artère sous-orbitaire qui s'anastomose avec l'artère transversale de la face.

G. H. I. Rameaux de l'artère temporale qui s'étendent jusqu'aux paupières.

K.   Tronc de l'artère temporale qui se distribue au front, au sourcil, et à la paupière supérieure.

1. 2. 3. On voit très-distinctement ici que les artères se conforment tellement petit-à-petit à la situation des fibres musculaires, que leurs filets les plus déliés suivent absolument la même direction.

Figure 2.

Veines des paupières légèrement dilatées par l'injection. Je les décrirai dans l'explication suivante selon le cours du sang, c'est-à-dire depuis les derniers filets jusqu'au tronc.

Les veines des paupières qui prennent leurs premières radicules des artères capillaires parvenues au dernier degré de finesse

a. a. a. Se montrent à leur naissance autour de la marge des paupières ;

b. b. b. Elles forment un réseau par de fréquentes anastomoses, et, rassemblées en petits troncs, elles se rendent aux troncs qui entourent les paupières, savoir :

IV.   3

c. c. c. A la veine faciale,

d. d. A la veine sus-orbitaire,

e. e. A la veine temporale profonde.

 Les veines de la paupière supérieure pénètrent,

f. f. Partie par des anastomoses dans les veines de la paupière inférieure;

g. g. Partie dans la veine faciale;

h. h. Partie dans la veine sus-orbitaire;

i. i. i. Partie dans la veine temporale profonde, tandis que d'autres, en s'anastomosant, passent dessous les veines de la paupière inférieure, vers l'extrémité de l'ouverture des paupières.

 Les veines de la paupière inférieure se déchargent dans

l. l. Un tronc antérieur, petit, court, qui passe dans la veine faciale plus haut ou plus promptement que le tronc postérieur, et dans

m. m. Un tronc postérieur plus fort, plus long, qui entre dans la veine faciale plus profondément ou plus tard que le tronc antérieur.

 Les racines de ces deux petits troncs se joignent en réseaux par

b. b. b. Plusieurs anastomoses, et passent tout de suite dans la veine faciale par de petits rameaux courts, plus promptement ou plus haut que par les deux petits troncs eux-mêmes.

n. Un petit rameau court de cette espèce.

o. o. Deux veines frontales postérieures, dont l'antérieure reçoit une petite branche de la veine sus-orbitaire.

p. Veine frontale.

q. Veine dorsale supérieure du nez.

r. Interne et supérieure des veines nasales antérieures.

s.	Interne et inférieure des veines nasales antérieures.
t.	Grande veine supérieure de la lèvre supérieure.
u.	Veine du tendon du muscle temporal.
v.	Veine qui forme une anastomose avec la veine transversale de la face.
w.	Deux petits troncs de veines qui partent du muscle grand zygomatique.
y.	Veine qui s'anastomose à la veine interne massétérine, et à la veine transversale de la face.
z.	Troisième petit rameau des veines qui viennent du muscle grand zygomatique.

Planche 3.

Figure 1.

Paupières très-ouvertes du côté gauche, prises sur un jeune sujet.

Outre la représentation correcte d'un beau sourcil, cette figure rend exactement l'ordre des cils, les orifices des glandes sébacées du bord des paupières, la commissure des paupières dans les deux angles, ou l'insertion du bord de la paupière supérieure dans le bord de la paupière inférieure.

Pour bien rendre ces effets, il fallait non-seulement ouvrir les paupières autant que possible, mais encore en écarter un peu les bords du globe de l'œil.

Il est arrivé de-là que les plis *b. k.* sont plus écartés qu'ils ne devraient l'être, et que l'ouverture des paupières paraît plus arrondie, et, en même temps, un peu plus courte.

Les petites loges dans lesquelles sont situés les cils sont beaucoup plus nombreuses à la paupière supérieure, et plusieurs paraissent plus grandes qu'à la paupière inférieure. Cependant

3.

dant, vers le milieu de la longueur des paupières, de plus grandes succèdent irrégulièrement à de plus petites.

Les orifices des glandes sébacées sont pour la plupart disposées sur une ligne réellement arquée, et qui est plus près de la face interne que de la face externe du bord de la paupière.

Les points lacrymaux, ou, pour mieux dire, les embouchures des conduits lacrymaux, diffèrent singulièrement de ces orifices, non-seulement par leur grandeur, mais encore par un petit mamelon particulier au milieu duquel ils sont comme béants.

La sinuosité *d. e. n. m.* autour de la caroncule est appelée aussi *lac lacrymal.*

a. Le sourcil.

b. Plis de la paupière supérieure un peu renversée.

c. Cavités ou petits trous dans la peau qui restent après l'extraction des cils de la paupière supérieure.

d. Point lacrymal supérieur.

e. Jambage supérieur de l'angle interne des yeux.

f. Orifices des glandes sébacées de la paupière supérieure.

g. Points par lesquels la paupière supérieure s'unit à l'inférieure, vers l'angle externe de l'œil.

h. Caroncule.

i. Repli semi-lunaire de la conjonctive.

k. Plis de la paupière inférieure.

l. Petites cavités dans la peau, visibles après l'extraction des cils de la paupière inférieure.

m. Point lacrymal inférieur.

n. Jambage inférieur de l'angle interne des yeux.

o. Orifices des glandes sébacées.

Figures 2 et 3.

Un poil long et un plus court enlevés des sourcils, et quatre fois plus gros que nature.

a. L'un et l'autre présentent à leur origine un petit nœud ou oignon caché dans la peau.
b. Ensuite ils s'effilent, et présentent une forme
c. Cylindrique et tortueuse, jusqu'à ce qu'ils se terminent en
d. Une pointe très-fine.

Figures 4 et 5.

Un poil long et un court enlevés des cils, et augmentés de volume.

a. Tous les deux sortent, à travers la peau, d'un petit nœud ou oignon qui a la forme d'un fuseau ; ensuite
b. Ils s'amincissent beaucoup, prennent une couleur brillante,
c. Augmentent de grosseur,
d. Atteignent leur plus grand développement vers le milieu de leur longueur,
e. S'amincissent de nouveau en forme de cône, et
f. Se terminent enfin en pointe déliée.

Les quatre dernières figures montrent la différence qui existe entre les poils des sourcils et ceux des cils.

Figure 6.

Paupières de l'œil droit enlevées sur un adulte, vues par leur face postérieure, avec la glande lacrymale, qui, légèrement penchée en avant, est couverte par la conjonctive à sa partie antérieure et supérieure.

Dans la situation naturelle, cette surface de la glande lacrymale se trouve en bas.

Les glandes sébacées me paraissent représentées avec plus de soin qu'elles ne l'ont été jusqu'à-présent.

La conjonctive, comme on le voit par les plis situés vers l'angle interne, est séparée du globe et reployée : par cette raison, le repli semi-lunaire *n. n.* se voit de même écarté, et occupe une place au côté extérieur de la caroncule, qui, posée dans l'ordre naturel, s'étendrait presque jusqu'à *i.* On n'en reconnaît que mieux le véritable caractère du repli semi-lunaire qui se forme de la duplicature de la conjonctive.

a. Portion du muscle sphincter des paupières, vu par sa face interne ou qui répond à l'os.

b. Ouverture des paupières.

c. Glande lacrymale vue par sa face inférieure, de manière que la conjonctive en couvre une petite partie.

d. Division de la glande lacrymale en deux lobes principaux.

e. Conduits excréteurs de la glande lacrymale.

f. Petits orifices de ces conduits dans la conjonctive.

g. La conjonctive qui recouvre la surface intérieure des paupières. La partie de cette membrane qui se fait remarquer par un contour lâche et plissé, est un lambeau séparé du globe.

h. Glandes sébacées de la paupière supérieure, qu'on voit à travers la conjonctive.

i. Point lacrymal supérieur, ou petit orifice du conduit lacrymal supérieur.

k. Glandes sébacées de la paupière inférieure, qui se montrent à travers la conjonctive.

l. Point lacrymal inférieur, ou petit orifice du conduit lacrymal inférieur.

m. Caroncule.

n. Le petit repli semi-lunaire qui avait été reployé avec
la conjonctive séparée du globe.

Figure 7.

La glande lacrymale dans son intégrité,

a. a. Vue (dans la planche au trait) par sa partie inférieure
avec ses conduits excréteurs.

En comparant cette face inférieure de la glande lacrymale
avec la supérieure représentée dans la figure 9, ombrée, on
voit non-seulement qu'elle est inégale, mais encore qu'elle a
une portion inférieure antérieure plus grande, et une portion
supérieure postérieure plus petite. Chacune de ces faces fait
voir le contour irrégulier de la glande, qui ne peut se comparer ni au sphéroïde ni au rhomboïde.

Figure 8.

La glande lacrymale vue par sa partie antérieure ou plus petite. On peut, avec le secours de cette figure, mesurer son
épaisseur.

Figure 9.

La même glande vue par en haut. La surface en paraît assez
égale et assez unie.

Toutes ces figures montrent la structure de cette glande composée de plusieurs lobes.

Figure 10.

Suite de la figure 1 (même planche), par laquelle on peut
juger de la situation exacte de la glande lacrymale, et de la véritable forme des conduits lacrymaux.

a. b. c. d. Petits canaux lacrymaux, ou parties palpébrales du
conduit lacrymal.

a.   Orifice de ce petit canal qui commence au point la-
       crymal même.
b.   Petite portion formant un cul-de-sac.
c.   Continuation du petit canal.
d.   Sa terminaison dans le sac lacrymal.
e. f. g. Sac lacrymal.
e.   Extrémité supérieure du sac lacrymal.
f.   Son milieu.
g.   Sa fin.
h. i. Portion nasale du conduit lacrymal.
i.   Petite ouverture inférieure qui termine le conduit la-
       crymal.

Figure 11.

Conduit lacrymal gauche vu de côté, par l'intérieur des narines,
pour pouvoir juger de sa direction, de sa largeur et de son
embouchure.

On voit clairement que la portion nasale du conduit lacrymal
est beaucoup plus large par sa partie intérieure que par sa partie
antérieure.

a. b.   Portion palpébrale bifurquée supérieure et inférieure
         du conduit lacrymal.
c. d.   Sac lacrymal.
e. f.   Portion nasale du conduit lacrymal.
f.   Embouchure de la portion nasale du conduit lacrymal
         vue dans toute son intégrité, et sans avoir même été
         touchée par la sonde.

Figure 12.

Conduit lacrymal ouvert et partagé en deux, qui laisse voir
sa capacité, ainsi que l'épaisseur et la structure glanduleuse de
ses membranes.

a. b.   Petite portion palpébrale du conduit lacrymal.

c. d.   Sac lacrymal.

d.   Duplicature ou repli de la membrane interne qui forme intérieurement la terminaison du sac lacrymal.

e. f. g.   Portion nasale du conduit lacrymal.

e.   Commencement de cette portion nasale.

f.   Duplicature ou repli de la membrane interne, que l'on rencontre quelquefois.

g.   Petite embouchure qui termine le sac lacrymal.

h.   Cryptes muqueux faciles à voir dans toute l'étendue du conduit lacrymal, depuis son embouchure supérieure *a.* jusqu'à l'inférieure *g.* sur-tout lorsqu'on a réussi à remplir par l'injection les vaisseaux les plus fins.

PLANCHE 4.

Figure 1.

Face intérieure de la conjonctive d'un adulte, du double de la grandeur naturelle, séparée en grande partie des paupières, pour laisser voir son tissu, un peu raboteux dans les parties où elle recouvre les cartilages tarses.

Cette figure fait voir encore comment les petits mamelons qui reçoivent les points lacrymaux, s'approchent lorsque les paupières sont fermées, et comment le mamelon inférieur, plus fort, regarde un peu en dehors, tandis que le supérieur, plus petit, est un peu tourné du côté de l'œil, en sorte que ces petits mamelons sont plutôt posés qu'appliqués l'un sur l'autre.

Pour éviter la confusion, les petites glandes sébacées que l'on devrait apercevoir à travers la conjonctive, ont été omises dans la planche.

IV.   4

a. a.   La conjonctive.
b.   Jonction des paupières.
c.   Point lacrymal supérieur.
d.   Point lacrymal inférieur.
e.   Caroncule.
f.   Repli semi-lunaire de la conjonctive.
g.   Orifices des conduits excréteurs de la glande lacrymale.
h.   Contour du tissu un peu raboteux de la conjonctive.
i. k.   Points les plus remarquables de ce tissu.

Figure 2.

Surface interne des paupières d'un adulte, du double de leur grandeur naturelle, pour faire connaître la structure des glandes sébacées.

a.   Sphincter des paupières vu par sa face interne ou correspondante à l'os.
b.   Ouverture des paupières, à travers laquelle on aperçoit les cils de la paupière supérieure.
c.   Muscle releveur de la paupière supérieure.
f.   Orifice des conduits excréteurs de la glande lacrymale.
g.   La conjonctive.
h.   Glandes sébacées de la paupière supérieure qui paraissent à travers la conjonctive.
i.   Lambeau replié de la conjonctive qui laisse voir à nu les glandes sébacées.
k.   Orifices de ces glandes.
l.   Glandes sébacées de la paupière inférieure dépouillées de la conjonctive, pour laisser apercevoir ces espèces de grappes de pepins dont elles sont composées.

Explication de la Planche 5.

Les trois figures de cette planche représentent la situation naturelle, la grandeur, la forme, la structure, l'entrelacement et les attaches des six muscles du globe et du releveur de la paupière supérieure.

Figure 1.

Muscles du globe de l'œil gauche avec le releveur de la paupière supérieure, tels que la nature les a placés dans la boîte osseuse.

1. 2. 3. Contour de l'orbite gauche.

1. 3. Paroi interne de l'orbite.

1. 2. Paroi externe.

3. 2. Marge inférieure du contour de l'orbite.

4. Poulie cartilagineuse pour le tendon du muscle oblique supérieur.

5. Globe de l'œil.

6. 7. Nerf optique; 6. partie couchée sur la selle; 7. partie qui entre dans l'orbite.

a.—e. Releveur de la paupière supérieure.

a. Extrémité tendineuse postérieure immobile attachée à la dure-mère, auprès du bord supérieur du trou optique.

b. Sa liaison avec le muscle droit supérieur.

c. d. Sa chair d'une forme cylindrique un peu aplatie; ses fibres (d. 5.) ont une courbure dont la concavité répond à la tempe.

e. Extrémité tendineuse antérieure qui se perd le long de la marge de la paupière supérieure.

On voit, dans la planche 13, figure 1 et 2, la véritable

4.

épaisseur, la forme arquée, et l'insertion des deux extrémités tendineuses de ce muscle en rapport avec toutes les autres parties de l'organe de la vision.

f. g. Muscle droit supérieur dont la plus grande partie est couverte par le releveur de la paupière supérieure.

f. Extrémité tendineuse postérieure qui tient au releveur de la paupière supérieure.

g. Sa chair.

On a voulu montrer, dans la planche 8, figure 1, la forme entière de ce muscle; et, dans la planche 13, figure 1 et 2, sa direction et sa position relative dans l'appareil organique de la vision.

h. i. k. Muscle droit externe.

h. Extrémité tendineuse postérieure immobile.

i. Sa chair.

k. Extrémité tendineuse antérieure. Ce muscle tout entier se voit dans la figure 3 de cette planche, et dans la figure 2 de la planche 8.

l. Extrémité antérieure du muscle oblique inférieur, insérée au globe. On voit le muscle entier dans la fig. 3 de la même planche.

m. Muscle droit inférieur dont on voit la face supérieure même figure, même planche, et la face inférieure planche 8, figure 1.

n. o. Muscle droit interne.

n. Sa chair.

o. Extrémité tendineuse antérieure mobile, épanouie sur le globe.

On a le reste du muscle dans cette situation à la fig. 3, planche 5, et sa forme complète à la fig. 1, pl. 8.

p. s. Muscle oblique supérieur.

p. Extrémité tendineuse postérieure immobile attachée à la dure-mère.

q. r.   Fibres charnues attachées, partie à l'extrémité tendineuse, partie à la paroi de l'orbite.

s. s.   Extrémité tendineuse antérieure qui passe par la poulie, pour s'épanouir sur le globe; ce qui se voit encore mieux dans la figure suivante, où tout le muscle est à découvert.

Figure 2.

Répétition de la figure précédente, où l'on a supprimé le releveur de la paupière supérieure et le droit supérieur.

6. 7. 7.   Nerf optique qui, après cette préparation, paraît ordinairement d'une forme onduleuse.

g.   Petite portion reployée du muscle droit supérieur qui a été enlevé.

h. i. k. l. m. n. o. Indiquent les mêmes parties que dans la figure précédente.

p. q. r. s. t. s. u. Muscle oblique supérieur de l'œil, privé d'une partie de son extrémité tendineuse postérieure.

r.   Ses fibres charnues, adhérentes à la paroi interne de l'orbite.

s. t. s. u. Extrémité tendineuse antérieure mobile dont les fibres s'épanouissent dans la sclérotique. L'épaisseur de ce tendon se voit figures 1 et 2, planche 13.

t.   Bourse muqueuse dans la poulie, destinée à garantir l'extrémité tendineuse de ce muscle des effets du frottement. On voit dans cette figure, encore mieux que dans la précédente, comment le globe de l'œil est situé par rapport au rebord inférieur osseux de l'orbite. Voyez 2. et 3. de la figure précédente.

Figure 3.

Même figure où l'on a supprimé le muscle oblique supérieur, le nerf optique, et le globe de l'œil.

Substance tendineuse, qui enveloppe le nerf optique
et remplit en même temps la fente supérieure de l'orbite; elle se compose des extrémités tendineuses postérieures des trois muscles suivants, et laisse une
ouverture (*g. g.*) pour le passage du nerf de la sixième
paire et d'un rameau de la cinquième.

a. b. c. Muscle droit interne.

   a.   Extrémité tendineuse postérieure immobile.

   b.   Sa chair.

   c.   Extrémité tendineuse antérieure mobile, séparée du
globe.

d. e. f. Muscle droit inférieur.

   d.   Extrémité tendineuse postérieure immobile.

   e.   Sa chair.

   f.   Extrémité tendineuse antérieure mobile.

g. h. i. Muscle droit externe.

   g.   Extrémité tendineuse postérieure immobile, fendue
pour le passage du nerf.

   h.   Sa chair.

   i.   Extrémité tendineuse antérieure mobile, séparée du
globe.

k. l. m. Muscle oblique inférieur.

   k.   Extrémité tendineuse immobile, adhérente au périoste
de l'os maxillaire supérieur.

   l.   Sa chair, relevée vers le globe.

   m.   Extrémité charnue mobile, détachée du globe.

Explication de la Planche 6.

Figure 1.

Cette figure, dont le modèle a été pris sur un jeune homme
de dix-huit ans, bien constitué, représente les troncs de tous

les nerfs qui se distribuent à l'œil; on les voit dans la situation qu'ils ont reçue de la nature par rapport au crâne, à l'orbite, aux muscles, et aux autres parties de l'œil.

On y remarque spécialement le trajet et la distribution du quatrième nerf du cerveau et de la première des branches de la cinquième paire.

Comme on s'aperçoit, à la première vue, que cette figure, sauf l'addition de la glande lacrymale, a été tirée de la figure 1 de la planche précédente, on a supprimé çà-et-là des lettres indicatives pour éviter la confusion qui aurait pu naître de leur quantité.

2. Nerf optique, ou second nerf du cerveau, dont la figure 2 de la planche précédente marque claire-ment la situation, depuis son entrée dans l'orbite jusqu'à son insertion au globe. La planche 13 donne la position horizontale et l'insertion du nerf optique dans la sclérotique, et la planche 9 sa terminaison périsphérique dans la rétine.

3. Troisième nerf du cerveau ou moteur de l'œil. Les deux figures suivantes font voir sa distribution entière. Ici il est tellement caché par les nerfs, qu'on aper-çoit seulement vers (×.) une partie du petit filet qu'il donne au muscle droit interne.

4. Quatrième nerf du cerveau. Il passe près du cinquième, du troisième, et du nerf optique; et, grossi d'un filet remarquable (*a.*) de la première branche du cin-quième nerf, il se répand dans le muscle oblique supérieur (4.). Je ne me rappelle point avoir jamais vu représenté ce phénomène du quatrième nerf, auquel vient se joindre un filet du cinquième. Je conserve soigneusement dans de l'esprit-de-vin la pièce qui a servi de modèle.

On a dessiné avec attention la progression conique de ce nerf, ou sa grosseur toujours croissante jusqu'à son extrémité périsphérique.

5. Cinquième nerf du cerveau.

A. Partie centrale rétrécie, ou fin de la partie cérébrale, de forme conique, qui

B. Prend la forme d'un tubercule plexiforme.

C. Première branche de ce cinquième nerf, qui entre dans l'orbite par la fente supérieure.

D. Seconde branche du cinquième nerf, qui entre par le trou rond G.

E. Troisième branche du cinquième nerf, qui entre par le trou ovale F. F.

F. F. Trou ovale du crâne.

G. Trou rond du crâne.

La première branche du cinquième nerf donne

a. Le filet par lequel elle se joint au quatrième nerf du cerveau, après quoi elle se partage dans le ganglion ophtalmique, et dans le rameau nasal : celui-ci, caché entièrement ici par les rameaux *a. b. e.*, se trouvera dans les deux figures suivantes.

b. — *i.* Rameau frontal.

b. Ce rameau délié est partagé ici de manière que

c. Un filet se distribue autour de la poulie;

d. L'autre filet augmente la grosseur du nerf trochléaire inférieur (*t. z.*).

e. Rameau propre frontal qui envoie

f. g. Un filet interne et un externe au-dessus du releveur de la paupière supérieure, sans lui donner aucune fibrille, et qui, par ses filets, ses ramifications et ses fibrilles, se distribue enfin dans le front (*h. h. i. i.*), comme le fait voir la figure 2 de la planche 1.

k. Nerf lacrymal. Ses fibrilles paraissent tantôt diverse-
ment séparées et tantôt rassemblées. Lui-même se
partage en

l. Un filet interne, et en

m. Un externe.

n. o. Le filet interne, ayant reçu quelques fibrilles de l'externe (*n. o.*),

p. Gagne la glande lacrymale (*p*), et s'éparpille en filets
et en fibrilles entre les lobules dont elle est composée. Ces filets, les uns

q. q. Droits (*q.*), les autres unis auparavant avec des fibrilles

r. Du filet externe (*r.*), se répandent dans le sphincter
et la peau

s. De la paupière supérieure (*s. s.*).

t. Le filet externe (*m. t.*), après avoir donné des fibrilles
(*n. o.*) au filet interne, se mêle dans les lobules de la

w. Glande lacrymale, où il s'allie, partie avec les fibrilles
du filet interne (*w.*), partie avec les fibrilles de la
troisième branche

v. De la cinquième paire (*v. y.*), et de-là

x. Disperse ses fibrilles dans la paupière supérieure. Cette
distribution est rendue par la figure 2, planche 1.

y. Petit filet des nerfs de la joue, provenant de la troisième branche de la cinquième paire, qui entre dans
l'orbite par le canal de l'os zygomatique.

z. Filet nasal.

6. 6. 6. Sixième nerf du cerveau, caché par le cinquième nerf
jusqu'à D. Il reparaît sous la première branche de
ce nerf (6. 6.), à laquelle il s'applique étroitement
dans son trajet ultérieur, pour entrer avec elle dans
l'orbite par la fente orbitaire supérieure. On peut
suivre son cours entier z. — θ. dans la figure 3.

IV.   5

Figure 2.

Cette figure offre spécialement la distribution du troisième nerf du cerveau, et la nature du ganglion appelé ophtalmique.

Elle est en rapport avec la figure 1 de la cinquième planche, et avec la première de la sixième. Pour plus de clarté, on a enlevé le quatrième nerf du cerveau, ainsi que la plupart des filets de la première branche de la cinquième paire, et renversé en partie le releveur de la paupière supérieure avec le muscle droit supérieur.

A.A.   Muscle droit supérieur renversé de façon à laisser voir une partie de sa face inférieure.

B.B.   Releveur de la paupière supérieure tourné pareillement de manière qu'une partie de sa face inférieure est visible.

3.   Troisième nerf du cerveau. Avant son entrée dans l'orbite, on peut distinguer

b.   Un rameau, petit et supérieur, qui se sépare de lui, reçoit une fibrille (*u.*) du rameau du cinquième nerf destiné au petit ganglion, et se sépare en deux filets,

c.   L'un pour le muscle droit supérieur, et

d.   L'autre pour le releveur de la paupière supérieure.

e.   Son plus fort rameau inférieur passe du côté externe sous le nerf optique, de manière à ne devenir visible que lorsque celui-ci est écarté vers le côté intérieur, et celui-là retiré en haut. Il se divise en un filet pour le muscle droit interne, qui se voit dans la précédente figure, vers *a.*, mais qui est couvert ici par le nerf optique,

f.   En un rameau du milieu pour le muscle droit inférieur, et en *g.*   Un rameau inférieur divisé à son tour en deux filets, l'un

h.   Court, mais assez gros, pour le ganglion ophtalmique, et l'autre

i. i.   Long, mais plus grêle, pour le muscle oblique inférieur (fig. 3. *i. i. i.*).

Du ganglion ophtalmique sortent les deux petits faisceaux des nerfs ciliaires.

k. k. k.   Le faisceau supérieur, plus petit, se partage en trois rameaux très-déliés, qui s'avancent en serpentant le long et très-près du nerf optique, et se séparent en

l. l. l.   Six fils et plus, de grosseur inégale. On voit ici trois de ces fils pénétrer la sclérotique.

Le faisceau inférieur, ordinairement plus grand, est composé de six petits rameaux, dont deux seulement paraissent ici (*m. m.*).

5.   Cinquième nerf du cerveau, dont les filets ne sont pas ici tout-à-fait préparés.

n.   Première branche de ce cinquième nerf. Quatre de ses filets *o. p. q. r.*, qui se voient dans la figure précédente, sont ici coupés et posés de côté, savoir :

o.   Le rameau qui se joint au quatrième nerf du cerveau correspond au rameau *a.* dans la figure précédente.

p.   Le rameau grêle du nerf frontal correspond à *b.*, même figure.

q.   Le nerf frontal propre correspond à *e.*, même figure.

r.   Le nerf lacrymal correspond à *k.*, même figure.

s.   Son cinquième filet, ou le ganglion ophtalmique, avec le rameau nasal, se partage en

t.   Un filet nasal coupé qu'on voit ici, en un autre petit

u.   Filet qui, réuni au rameau du troisième nerf du cerveau, fournit au muscle droit supérieur; et en

v. v. Un troisième filet, pour le ganglion ophtalmique, qui forme une de ses racines longue et déliée; l'autre, grosse et courte, est fournie par le troisième nerf.

6. *w.* Sixième nerf du cerveau, que l'on voit plus distinctement dans la figure suivante.

Figure 3.

Cette figure représente le nerf destiné au muscle droit inférieur, le filet nasal du cinquième nerf du cerveau, et tout le sixième. On peut transporter ici, de la figure 3 de la planche précédente, beaucoup de détails qui servent à expliquer la présente figure.

A. Cinquième nerf du cerveau reployé de façon à laisser voir sa face, qui est ordinairement tournée vers le crâne.

B. Tubercule plexiforme, ou ganglion du cinquième nerf du cerveau.

C. Sa première branche.

D. Sa seconde branche.

E. Sa troisième branche.

F. La petite portion du cinquième nerf du cerveau qui se porte à la troisième branche.

G. Muscle oblique supérieur coupé.

H. Nerf optique.

b. e. h. i. o. p. q. r. s. u. v. désignent les mêmes parties que dans la figure précédente.

t. Le filet nasal donne

x. x. Deux nerfs ciliaires longs (*x. x.*); ensuite, il passe sous le muscle oblique supérieur (*y*), et se partage en

      un filet qui descend par un petit canal dans la cavité
des narines, et en un autre qui est

t z.   Le nerf sous-trochléaire.

a.   Sixième nerf du cerveau.

$\beta.\gamma.\delta.$ Fibrilles déliées et plates du sixième nerf du cerveau,
qui entourent d'un réseau la carotide interne.

$\beta.\beta.\beta.$ Trois fibrilles de ce réseau qui viennent du nerf sympathique.

$\gamma.\gamma.$ Deux fibrilles qui se dispersent, par en bas, dans les
membranes de la carotide interne.

$\delta.$ Une fibrille dispersée, par en haut, dans les membranes
de la carotide interne.

      Continuation du tronc du sixième nerf du cerveau,
qui, grossi des fibrilles du sympathique dont je viens
de parler, gagne l'orbite avec le troisième, et le nerf
nasal de la cinquième paire, pour

$\varkappa.\theta.$ S'épanouir enfin sous la forme d'un pinceau dans le
muscle droit externe. J'ai mis le plus grand soin à
rendre fidèlement la véritable proportion du volume
de ces nerfs par rapport aux chairs.

Explication des Planches 7 et 8.

Ces deux planches représentent la distribution de l'artère
ophtalmique dans les muscles et le globe de l'œil gauche (pl. 7,
fig. 1 et 2); le confluent des veines qui partent du globe, des
muscles, et de la glande lacrymale (pl. 7, fig. 3; et pl. 8, fig. 2);
enfin, la véritable grandeur, la forme, et l'attache antérieure des
quatre muscles droits, avec les petits troncs de leurs artères
qui se montrent ordinairement à travers la membrane albuginée (pl. 8, fig. 1).

Les artères représentées dans les figures 1 et 2, planche 7, ont été dessinées d'après celles d'un adulte fortement constitué, dont j'avais rempli le système artériel d'une cire injectée assez délicatement pour ne dilater qu'à moitié les artères de l'œil. J'avais pris cette précaution, pour éviter leur déplacement entre le moment de leur préparation et celui où l'on devait les dessiner. C'est pour cela que j'ai mieux aimé couper et reployer quelques muscles dont la situation était indifférente, que d'altérer la forme arborisée de l'artère ophtalmique.

Par la même raison, je n'ai représenté que les principaux rameaux et filets de cette artère, pour que l'accumulation des vaisseaux ne nuisît point à la clarté.

C'est principalement en faveur des médecins-oculistes que j'ai donné la figure 1, planche 8. J'ai voulu qu'ils aperçussent clairement de quelle manière les filets artériels que l'on voit pendant la vie dans l'albuginée de l'œil, naissent des petits rameaux de l'artère ophtalmique qui percent les faisceaux charnus et tendineux des muscles droits, et arrivent à la cornée comme de quatre points différents. Parmi ces artères déliées, les internes, c'est-à-dire celles qui se trouvent au côté interne de la cornée, sont très-marquées; mais les externes sont ordinairement si petites ou si peu apparentes, qu'elles semblent réclamer le supplément des supérieures et des inférieures. Ainsi deux petits troncs artériels pénètrent le tendon du muscle droit supérieur, de l'interne, et de l'inférieur même; mais un seul perce le tendon du muscle externe, et encore est-il extrêmement grêle.

Il me paraît très-essentiel de remarquer que, dans tous les yeux que j'ai examinés exprès, tant sur le vif que sur le mort, j'ai trouvé les artérioles à peine visibles auprès du côté externe de la cornée, de sorte que les rameaux artériels sont fournis d'en haut et d'en bas à la plus grande partie de ce côté externe; effet dont j'ai déja averti, et qui résulte de cette figure. C'est ce qui s'aperçoit évidemment sur le vivant.

J'ai vu cette disposition démontrée dans certaines maladies des yeux, dans les ophtalmies, les leucoma, les staphylômes, les ulcères, et les excroissances de la sclérotique.

On voit, au reste, que les artères, comparées à la petitesse de l'organe, sont assez considérables, et qu'elles sont tortueuses. Il en résulte qu'avec des artères si nombreuses et si amples, l'œil ne peut manquer d'une quantité suffisante de sang; d'un autre côté, les ondulations remarquables des rameaux de ces artères laissent circuler librement le sang dans l'état de santé; car, quelque fort, quelque vif et fréquent que soit le mouvement du globe et des paupières, ces anfractuosités cèdent si facilement, qu'aucun vaisseau marquant n'éprouve jamais de déplacement considérable.

Les figures 1 et 2, planche 7, comparées avec la figure 2, planche 8, font voir que l'artère ophtalmique envoie son tronc obliquement, de l'extérieur à l'intérieur, se plonge dans son cours onduleux sous le nerf ophtalmique, et se perd enfin au-dessus du globe. Le tronc de la veine ophtalmique marche à-peu-près en sens contraire, et, par un mouvement de flexion, s'élève jusqu'au nerf optique, quoiqu'il prenne naissance beaucoup au-dessous. Ainsi le système veineux n'accompagne point autour de l'œil le système artériel, comme cela a lieu dans les autres parties du corps humain; mais chacun de ces systèmes a une marche qui lui est propre. La même disposition a lieu auprès de la carotide interne, d'où part l'artère ophtalmique.

De plus, l'artère ophtalmique a ce rapport avec la carotide cérébrale, que son tronc passe par le canal osseux du nerf optique, tandis qu'une route plus courte, et en quelque façon plus libre, lui était ouverte par les fentes orbitaires les plus prochaines.

Elle répond encore à la carotide cérébrale, en ce que, non loin de son point de départ, elle éprouve une inflexion onduleuse (pl. 7, fig. 1 et 2) à l'instar de la carotide, qui se courbe au moins trois fois d'une manière très-remarquable dans son canal osseux, dans le sinus caverneux, et à l'endroit même où elle devient cérébrale (fig. 1 et 2, pl. 7, N.O.P.). Cette disposition du vaisseau diminue à la vérité la quantité du sang, et rompt l'impétuosité que le cœur lui communique; mais son mouvement en devient plus égal.

La structure des deux vaisseaux s'accorde encore en cela, qu'indépendamment des petits vaisseaux qui se distribuent à la face, l'artère ophtalmique paraît formée d'une membrane plus légère et plus déliée.

Enfin il y a cette ressemblance entre l'artère ophtalmique et la carotide cérébrale, que celle-là, dégagée en quelque sorte des parties voisines, parcourt le tissu adipeux de l'orbite, et qu'elle ne tient en général que très-peu et par un tissu cellulaire très-léger. De-là il résulte aussi que ses rameaux, quoique fort déliés, peuvent être aisément préparés. Il en est de même des artères du cerveau, que la nature a tellement mises à nu, que, pour être aperçues, elles n'ont presque pas besoin d'être disséquées.

Je ne me rappelle point qu'aucun auteur ait fait attention à cette structure si remarquable et si constante de l'artère ophtalmique.

On sait que la grosseur d'une artère musculaire est proportionnée au volume du muscle lui-même. Ainsi, un grand muscle a en partage des artères plus grosses ou plus nombreuses qu'un petit.

Plusieurs petits troncs d'artères s'approchent des muscles sous des angles presque droits, et avant de s'insérer aux fibres musculaires mêmes se divisent en petits rameaux, dont les filets accompagnent enfin ces fibres dans leur direction.

La sclérotique a, comme les autres membranes, des artères très-petites et très-déliées.

La plupart des artères qui entrent dans cette membrane, et qui se voient dans le blanc de l'œil, pénètrent les faisceaux de fibres musculaires et tendineuses.

Il est encore évident que les veines des yeux, comme dans presque toutes les autres parties, surpassent les artères par leur volume et le nombre de leurs anastomoses.

En outre, la figure 1, planche 8, fait voir les quatre muscles droits de l'œil gauche détachés du fond de l'orbite, et étendus à plat.

On peut contempler, dans toute leur étendue, la partie charnue et la partie tendineuse des muscles, leur largeur, leur longueur, leur expansion, leur insertion antérieure dans la sclérotique, et leur juste distance de la cornée. Un adulte d'un âge moyen a fourni le modèle.

C'est une chose admirable, que ces muscles droits diffèrent entre eux par une disposition particulière, tant de la partie tendineuse que de la partie charnue.

Le muscle supérieur se distingue par la brièveté de sa chair et son tendon découpé.

L'interne, par l'épaisseur de sa chair et un tendon en pointe obtuse.

L'inférieur, par le petit volume de sa chair et par son tendon arqué.

L'externe, par la longueur de sa chair et par son tendon bifurqué.

Si l'on réunit à cette figure les trois de la planche 7 et les deux de la planche 13, on trouvera difficilement quelque chose à ajouter pour compléter la connaissance de ces muscles.

IV.   6

PLANCHE 7.

Figure 1.

Distribution de l'artère ophtalmique gauche, telle qu'elle se présente, lorsque les muscles et le globe restent dans leur situation naturelle, à l'exception du releveur de la paupière supérieure et du muscle droit supérieur; car, pour plus de clarté, il fallait couper et mettre à l'écart ces muscles, et enlever en entier le muscle oblique supérieur lui-même. J'ai négligé exprès des rameaux plus petits qui auraient embrouillé la figure.

A. B. C. D. L'orbite.

    A.   Paroi interne de l'orbite gauche.

    B.   Sa paroi externe.

    C. C.   Son bord inférieur.

    D.   Canal du nerf optique rempli par le nerf et par le tissu cellulaire.

    E.   Releveur de la paupière supérieure coupé et reployé.

    F. G.   Muscle droit supérieur dont la partie postérieure F. est coupée et ployée. G. sa partie antérieure.

    H.   Muscle droit interne.

    K.   Muscle droit externe.

    L.   Nerf optique que l'on voit à nu dans cette situation, figure 2, planche 5.

    M.   Le globe de l'œil.

    N. O. P.   La carotide. N. partie de cette artère placée dans le canal carotidien. N. O. sa partie située dans le sinus caverneux. P. sa partie proprement cérébrale.

    Q.   L'artère ophtalmique qui naît de cette carotide.

    Q. R.   Sa courbure constante, aussitôt après sa naissance.

    R.   Point où elle se porte au côté externe du nerf optique.

Ses rameaux principaux sont :

a. La première artère ciliaire longue ;

b. Deux autres artères ciliaires ;

c. L'artère de la glande lacrymale. Celle-ci se divise en

d. Un rameau ciliaire qui s'écarte du côté interne de cette artère, comme on le voit mieux dans la figure suivante ;

e. En un rameau musculaire plus grêle pour le muscle droit externe, et en

f. Un rameau qui se rend sous le globe pour fournir au muscle oblique inférieur, comme on le voit dans la figure suivante.

f.f. Rameau musculaire plus gros pour le muscle droit externe.

g.h. Division du petit tronc de l'artère de la glande lacrymale en un rameau (*h.*) qui forme une anastomose avec un filet de l'artère maxillaire interne (*x.*), et

i. En un rameau qui s'épanouit dans la glande lacrymale et dans la paupière supérieure.

k. Continuation du tronc de l'artère ophtalmique qui s'avance en travers sous le nerf optique. (*Voy.* fig. 2, où la lettre *k.* se distingue mieux).

l. Rameau qui se partage en un filet pour le muscle oblique supérieur, comme on le voit (*m.*) par la figure suivante, et en un rameau pour le releveur de la paupière supérieure.

o.p. Rameau de la même artère, qui se divise en un petit filet pour le muscle droit supérieur, et en

q. Un filet ciliaire.

r. Rameau double pour le muscle droit inférieur.

Le tronc de l'artère ophtalmique, en prenant dans cet endroit une légère courbure onduleuse, donne

6.

s.   L'artère frontale, et

t. t.   L'artère pour le muscle droit interne, qui embrasse la presque totalité de sa chair, pour aller s'insérer dans ce muscle à sa face orbitaire, comme on le voit plus clairement dans la figure suivante.

u.   Artère antérieure ethmoïdienne.

v.   Artère trochléaire inférieure. On voit au-dessus un rameau antérieur d'une artère coupée (*p*) qui va au muscle droit supérieur.

x.   Filet de l'artère temporale profonde qui naît de la maxillaire interne.

Figure 2.

Continuation de la figure précédente pour que, le globe ôté, on puisse parcourir d'un seul coup-d'œil toute la distribution des rameaux de l'artère ophtalmique.

A.   Paroi interne de l'orbite gauche.

B.   Sa paroi externe.

C. C.   Son bord inférieur.

D.   Canal du nerf optique autour duquel on voit les restes du releveur de la paupière supérieure et du muscle droit supérieur, coupés et ployés en dedans.

E.   Muscle oblique supérieur de l'œil, qui, avec son tendon, traverse

F.   La poulie F, et se voit un peu en dehors de l'orbite.

G.   Muscle droit inférieur.

H.   Muscle droit interne.

K.   Muscle droit externe.

L. L.   Muscle oblique inférieur.

a. b. c. d. e. f. ff. g. h. i. k. o. r. s. t. u. v. x. indiquent les mêmes rameaux que dans la figure précédente. Il reste à remarquer

a. b. b. Rameaux coupés, de peur que, dans l'absence du nerf
optique, ils ne nuisent à la clarté.

c. L'artère lacrymale un peu écartée en dedans pour que
l'on aperçoive plus facilement *e.*, et la disposition

d. Du rameau *d.* qui se voit ici coupé, tandis que tous
les deux sont couverts en partie, dans la fig. 1, par
le tronc (*c.*) de l'artère lacrymale.

f. Le rameau destiné au muscle oblique inférieur, vu
tout entier.

f. 2. Ce rameau, prolongé pour le muscle oblique inférieur,
entrant dans la paupière inférieure.

k. Le tronc de l'artère ophtalmique vu après la suppression du nerf optique.

l. De *l.* le rameau

m. Se rend au muscle oblique supérieur.

n. Le rameau se rendant au muscle droit supérieur,

o. Coupé, rend inutile *p. q.* de la figure précédente.

t. t. Rameau disséminé dans le muscle droit interne. On
peut le distinguer beaucoup mieux après que le rameau *r.* a été un peu relevé.

x. Le départ de ce rameau de l'artère maxillaire interne
y. est ici plus facile à distinguer.

y. Tronc de l'artère maxillaire interne.

z. Artère sous-orbitaire; filet constant de cette artère
maxillaire interne.

Figure 3.

Concours des veines ophtalmiques au-dessus du globe de l'œil
droit.

A. B. C. C. Orbite droite. A. paroi interne de cette orbite. B. paroi
externe. C. C. bord antérieur.

D. E.   Globe de l'œil droit. E. la cornée.

F.   Nerf optique.

G. H.   Releveur de la paupière supérieure, coupé et un peu écarté en dedans. G. partie antérieure de ce releveur. H. partie postérieure du même.

I.   Muscle droit supérieur.

K.   Muscle oblique supérieur.

L.   Poulie par laquelle passe le tendon du muscle oblique supérieur.

M. N.   Muscle externe coupé. M. partie antérieure de ce muscle. N. partie postérieure.

O.   Muscle droit inférieur.

P.   Glande lacrymale un peu déplacée et en partie enlevée.

a.   *Veine ophtalmique faciale*, liée, par un filet remarquable, à la veine

b.   Interne faciale (*r. s.*). Elle a deux racines,

c.   Une externe, et

d.   Une interne, ou veine sous-orbitaire propre; ensuite, en se courbant en haut et en dedans, elle s'associe les rameaux suivants dans sa route :

e.   Un rameau formé par la veine ciliaire inférieure et externe (*voyez* figure 2, planche 8), et par un filet accessoire au rameau postérieur de la veine ophtalmique cérébrale *t.* figure 2, planche 8;

f.   Un rameau, par lequel elle s'anastomose avec le tronc de la veine ophtalmique cérébrale;

g.   La veine ciliaire antérieure, qui rassemble aussi les filets venant du muscle droit externe;

i. k.   Un rameau qui

l.   Réunit les filets du muscle droit inférieur, et entre avec le filet (*l.*) dans le sinus caverneux, et enfin

m.   La veine ciliaire externe.

n.n.   De-là la veine ophtalmique faciale, avec son tronc,
tourne autour du nerf optique, et se termine dans
la veine ophtalmique cérébrale.

o.p.   La plus grande partie de *la veine ophtalmique céré-*
brale se forme par le concours des veines ophtalmiques faciales que je viens de décrire; savoir, de
l'antérieure, et de la postérieure, dont on voit la racine dans la figure 2 de la planche suivante (*a. b.*),

q.   Et de la veine faciale interne.

q. r. s.   Cette veine ophtalmique faciale interne, formée par
le concours des veines frontale (*r.*) et sourcilière (*s.*),
s'avance sous le tendon du muscle oblique supérieur,
et, grossie des veines situées au-dessous du globe
que l'on voit *r. c.* dans la planche 8, figure 2, elle
passe sous le muscle droit supérieur, et se termine
dans la veine ophtalmique cérébrale.

La *veine ophtalmique cérébrale*, par une légère inflexion en forme d'S, passe au-delà du nerf optique,
et dans sa route reçoit cinq veines, savoir:

t. t.   Une veine du muscle droit supérieur et du releveur
de la paupière supérieure;

u. u.   Une veine ciliaire supérieure qui reçoit des filets du
muscle droit supérieur;

v. v. w.   Une veine de la glande lacrymale, qui, après avoir reçu

v. v.   Les filets de cette glande et ceux

w.   Du releveur de la paupière supérieure,

x.   S'anastomose, par un rameau transversal remarquable
(*x.*), avec la veine ciliaire supérieure;

y. y.   Une autre veine du muscle droit supérieur;

**   La veine ethmoïdienne postérieure, qui, plus profonde,
se rend transversalement de la paroi interne de l'or-

bite sous le nerf optique, et, après quelques inflexions, passe dans le sinus caverneux, au côté externe du nerf optique;

z. z. Enfin la *veine centrale de la rétine*, qui

* Prend les veines de l'enveloppe du nerf optique et du
tissu graisseux abondant en cet endroit, et finit dans
le sinus caverneux.

PLANCHE 8.

Figure I.

a. b. c. Globe de l'œil gauche avec les quatre muscles droits (*).

a. La cornée.

b. Fragment de la conjonctive détaché du globe et relevé
çà-et-là.

c. Membrane sclérotique et membrane albuginée.

d. Petite partie du tendon du muscle oblique supérieur.

e. f. g. Muscle droit interne.

e. Extrémité tendineuse postérieure de ce muscle;

f. Sa chair.

g. Extrémité tendineuse antérieure, épanouie et adhérente
à la sclérotique.

l. m. n. Muscle droit externe.

l. Extrémité tendineuse postérieure bifurquée.

m. Sa chair.

n. Extrémité tendineuse antérieure qui, déployée, s'épanouit et se perd dans la sclérotique.

(*) Il y a dans l'original : *anterior orbitæ sinistræ pars*. Je ne sais s'il y a erreur
ou transposition; pour moi, je n'ai vu dans la figure que le globe avec les
quatre muscles droits.

o. p. q. Muscle droit inférieur.

   o. Extrémité tendineuse postérieure de ce muscle.

   q. Extrémité tendineuse antérieure, qui se perd dans la sclérotique.

r. s. Deux petits troncs d'artères qui traversent le tendon du muscle droit supérieur, et dont l'externe (*s.*) se porte vers le côté externe de la cornée, pour fournir d'en haut un supplément au petit tronc artériel (*x.*). *Voy.* dans la figure 1, planche 7, G. *w.*

t. u. Deux petits troncs artériels qui traversent le tendon du muscle droit interne, et qui se perdent vers le côté droit interne de la cornée.

v. w. Deux petits troncs artériels qui passent par le tendon du muscle droit inférieur, et dont l'externe (*w.*) monte vers le côté externe de la cornée, tant pour suppléer d'en bas à la petitesse du tronc artériel (*x.*), que pour fournir des artères à ce même côté externe.

   x. Petit tronc artériel ordinairement simple, qui traverse le tendon du muscle droit externe, et apporte le sang à la partie moyenne du côté externe de la cornée.

Figure 2.

Vue des veines au-dessous du globe, ou concours des racines de la veine ophtalmique cérébrale dans la partie inférieure de l'orbite. Pour plus de clarté, on a légèrement relevé et retiré le globe, après avoir coupé les muscles oblique supérieur et droit inférieur.

   K. Tendon coupé du muscle oblique supérieur.

   M. Muscle droit externe.

   O. Q. Muscle droit interne coupé.

IV.

O. Partie antérieure de ce muscle.

Q. Partie postérieure.

R. Muscle oblique inférieur.

a. b. Sous le globe, s'aperçoivent la racine *antérieure* (*a.*) et la *postérieure* (*b.*) de la veine ophtalmique cérébrale.

A la racine *antérieure* (*a.*),

c. Liée (*c.*) avec la veine faciale interne, se réunissent

d. Les petits rameaux de la région du sac lacrymal,

e. Les rameaux de la conjonctive et de la graisse de cette partie,

f. f. f. Les rameaux du périoste de la paroi inférieure de l'orbite,

g. g. Deux veines ciliaires, la plus courte, et la plus longue,

h. Les rameaux du muscle droit inférieur,

i. Différents rameaux qui s'anastomosent.

k. k. La racine *postérieure*, unie avec un rameau de la veine ophtalmique faciale, que l'on voit dans la figure 3, planche 7, marqué par les lettres *n. n.*, reçoit aussi dans son cours

l. Une veine qui vient des ciliaires inférieures,

m. Des filets du muscle oblique inférieur,

n. Des petits rameaux de la graisse et du périoste de la paroi inférieure de l'orbite ;

p. Ensuite elle se confond avec la racine antérieure en un petit tronc, qui peu après se réunit à

q. La veine faciale interne ; cette dernière veine, sans compter des petits filets, avait reçu auparavant

r. La veine ethmoïdienne antérieure.

s. Veine ciliaire inférieure et externe, qui s'unit avec un filet

t. D'un rameau postérieur de la veine ophtalmique faciale, lequel communique avec un rameau de la même veine, désigné dans la figure 3, planche 7, par la lettre *e*.

Explication des Planches 9 *et* 10.

Ces deux planches présentent dans leur grandeur et leur situation naturelles, les parties les plus déliées du globe de l'œil, soit réunies, soit séparées.

Une des plus grandes difficultés de ces préparations consiste en ce que, peu d'heures après la mort, le globe s'altère tellement, qu'il ne peut plus servir à faire connaître ses dimensions, même les plus grossières; ainsi, par exemple, lorsque les paupières sont restées trop long-temps ouvertes après la mort, il s'évapore tant d'humeur aqueuse, que la cornée s'obscurcit et se ride; d'où il résulte qu'elle paraît, non pas transparente, mais opaque; non pas convexe, mais concave; non pas d'un tissu serré, mais d'un tissu lâche; non pas mollement cartilagineuse, mais dure, coriace et sans élasticité; il ne faut donc employer que les yeux qui se sont fermés d'eux-mêmes au moment où le sujet a expiré. Si je n'avais pas examiné avec les plus grandes précautions les yeux d'un jeune homme noyé, peut-être n'aurais-je jamais découvert le trou central de la rétine. Mais ces précautions ne suffisent pas encore.

Il n'est pas moins difficile de détacher l'œil de l'orbite, de manière que le globe n'éprouve aucune lésion, avant d'être effleuré par le scalpel. Il demande à être enlevé avec légèreté et précaution. Le choix du milieu, dans lequel le globe est examiné et offert pour modèle au peintre, donne naissance à d'autres inconvénients. Le globe, plongé dans l'eau, conserve à la vérité son élasticité et sa transparence pendant plusieurs heures; mais aussitôt qu'on l'incise, les tuniques se gonflent et s'épaississent en très-peu de temps. Si vous le mettez dans de l'esprit-de-vin affaibli, les tuniques s'altèrent sur-le-champ, quand elles ne se collent point ensemble, et la même chose arrive aux humeurs. En disséquant enfin un œil en plein air, les tuniques se retirent, s'affaissent pendant l'incision, et tout est confondu.

Les choses étant ainsi, il faut examiner chacune des parties du globe, tant à l'air que sous l'eau, l'esprit-de-vin ou l'huile, et, par un travail répété, les préparer de façon qu'en établissant une espèce d'évaluation moyenne, on obtienne la connaissance de la forme qu'elles ont réellement pendant la vie.

Il serait trop long de détailler tous les moyens propres à obtenir ces résultats, tels qu'étendre, dresser, dessécher, souffler, attacher, soutenir, retourner, injecter, plonger dans la glace, etc., les différentes parties de cet organe.

Le travail le plus grossier une fois terminé, la grande diversité des globes eux-mêmes suscite beaucoup d'embarras pour définir d'une manière exacte les formes naturelles. Je ne parle point de la variété qui tient à l'âge, quoiqu'elle se rencontre à un degré presque incroyable dans la seule lentille cristalline (*voy.* pl. 10, fig. 7, 8, 9). Je ne dis rien de la différence entre l'œil myope et le presbyte; je n'entends parler ici que de l'étonnante diversité des couleurs de l'iris. Les diverses parties du globe ne diffèrent pas moins évidemment entre elles. Plus l'iris est pâle, plus les tuniques de l'œil sont minces; plus elle est noire, plus elles sont épaisses (*). Plus l'œil est noir, moins le nombre des plis est grand dans le corps ciliaire. Les globes

---

(*) Maître-Jan a fait la même remarque. Traité des Maladies de l'œil, 2ᵉ partie, chapitre 1ᵉʳ. (*Note du Traducteur.*)

volumineux sont formés ordinairement de tuniques plus minces, les petits, de tuniques plus épaisses.

Pour montrer ces variétés avec exactitude, j'ai employé des globes très-différents dans la figure 1, planche 9, et la figure 4, planche 10, qui représentent presque les mêmes parties.

Mais, avec les plus grandes précautions et tous les artifices imaginables, vous obtiendrez rarement que les parties que vous devez dessiner demeurent dans la situation qu'elles ont pendant la vie ou avant d'être incisées. Ainsi, quoique la sclérotique retienne sa forme ronde et élégante, on ne peut cependant empêcher la choroïde de s'écarter un peu, la rétine de se rider, et, ce qui est très-important, l'iris (fig. 3, pl. 9, *o. p. q. r.*) de s'affaisser par son bord libre, et la lentille de changer de situation par l'effet de son poids. J'ai fait geler plusieurs yeux pour montrer au peintre, au moins une fois, l'iris dans sa situation naturelle; mais, en coupant le globe par le milieu, j'ai trouvé, tantôt l'une, tantôt l'autre de ses parties, déchirée et détruite, et l'iris à peine une seule fois dans sa situation naturelle. Dans les yeux que j'avais enveloppés de plâtre, l'iris et la lentille ont changé de situation après l'incision, tout en conservant assez bien leurs formes extérieures. C'est pour la même raison que j'ai mis des globes pendant quelque temps dans des solutions concentrées de sucre et d'autres sels; j'en ai suspendu d'autres dans de l'huile de thérébentine, dans de l'esprit-de-vin, tantôt affaibli, tantôt rectifié; j'en ai rempli d'autres, tantôt d'air, et tantôt de cire ou de mercure. Mais, autant ces méthodes servaient à la préparation de certaines parties, autant je les ai vues nuire à l'observation des autres.

Je me suis donc trouvé réduit, lorsque je n'ai pu obtenir les véritables dimensions, à me servir de ma raison et de mon jugement; et, lorsqu'une chose est restée douteuse, à comparer avec soin et de différentes manières plusieurs globes entre eux. C'est ainsi que je suis arrivé à rectifier ces figures, en me défendant toutefois des chimères de l'imagination, et en ne suivant que la nature pour guide.

Certes, je ne me pardonnerais pas de publier comme véritables et exactes des représentations de l'œil humain qui seraient vicieuses et d'une forme altérée. En effet, le peintre auquel on livre des parties dont la préparation a mal réussi, peut donner pour excuse les altérations que ces parties ont éprouvées, sans qu'il y ait eu de la faute de celui qui a fait la dissection; mais il n'y a point d'excuse pour le physiologiste.

On peut s'assurer, en plongeant dans l'eau un œil frais et entier, et en le considérant de face, que l'iris est plane et non convexe, comme on l'a représentée.

On a dit aussi que les plis que l'on remarque dans la rétine sont naturels; et la vérité est qu'ils se forment pendant la dissection : on ne les trouve point quand cette membrane est conservée intacte, comme on l'a fait pour les modèles des figures 4, 5 et 6, planche 9.

Quelques physiologistes habiles ont récemment déterminé les limites de la rétine dans un lieu plus antérieur que celui qui est indiqué dans les figures 3, 4, 5 et 6, planche 9. Cette erreur ne doit être attribuée qu'à l'effet de l'esprit-de-vin. Si donc quelques anatomistes doutent de l'exactitude de mes figures, je les prie de chercher le trou central dans des globes préparés de la manière indiquée par les figures 4, 5 et 6, planche 9, et d'observer les limites de la rétine, en employant des yeux très-frais, très-transparents, et non pas des yeux conservés pendant quelque temps dans de l'esprit-de-vin.

Personne n'a imité la seconde planche de Zinn, qui correspond à nos figures 1, 2, planche 10, sans copier la trop grande convexité de l'iris, avec la position vicieuse de cette membrane relativement à la choroïde, et sans commettre beaucoup de

négligences dans l'imitation des formes les plus déliées. Je prie
instamment ceux qui doivent un jour reproduire mes figures
de ne rien épargner pour se bien pénétrer de l'esprit des modèles, et pour les rendre dans toute leur vérité (*). Les yeux
qui ont été dessinés pour les dix-neuf figures des planches 9 et
10 ont été pris de quinze corps différents.

PLANCHE 9.

Figures première et seconde, d'un corps.

Figure troisième, d'un autre.

Figures quatrième et cinquième, d'un troisième.

Figure sixième, d'un quatrième.

PLANCHE 10.

Figures première et troisième, d'un cinquième.

Figure seconde, d'un sixième.

Figures quatrième, cinquième, sixième, septième, huitième,
neuvième, dixième, onzième, d'un septième jusqu'à un qua-
torzième.

Figures douzième, treizième, d'un quinzième.

Pour comparer entre elles et corriger ces figures, j'ai successivement employé peut-être plus de cent yeux.

Ces deux planches offrent tout ce que l'œil nu peut discerner
des parties subtiles du globe ; ce qui est trop fin pour être
aperçu se trouvera dans les deux planches suivantes, qui sont
une continuation des planches 9 et 10, et donnent quelques
portions grossies au moyen du microscope.

(*) Si l'on juge que je n'ai point satisfait au vœu formé par le célèbre Soemmerring, je puis assurer que ce n'est pas faute d'avoir suivi ses conseils. (*Note du
Traducteur.*)

PLANCHE 9.

Figure 1.

Coupe perpendiculaire du globe de l'œil gauche représentant sa moitié antérieure ; la partie postérieure est représentée par la figure 2.

Ce globe très-récent, tiré d'un homme d'un âge moyen, a été disséqué et dessiné sans préparation artificielle et sans injection de ses vaisseaux sanguins, pour qu'on puisse voir, tant la véritable situation et les attaches de la lentille, que la forme du corps ciliaire que l'on aperçoit à travers la petite portion restée du corps vitré, avec la chûte et le froncement des tuniques.

a. Coupe de la sclérotique. Dans les points correspondants aux mêmes points de la figure 2, la sclérotique a dans son contour une épaisseur égale, tandis qu'elle est plus mince à sa partie antérieure dans les points couverts par les tendons des muscles droits, que dans ceux qui sont situés entre ces tendons.

b. Mucus noirâtre entre la sclérotique et la choroïde.

c. Choroïde qui, relâchée par l'effet de l'incision, a contracté des rides ou des plis. Pendant la vie, elle est étendue sur la rétine sans la plus légère inégalité, comme on le voit fig. 3, et pl. 10, fig. 1 et 2.

d. Couleur noire entre la choroïde et la rétine.

e. e. f. f. Rétine. Son bord e. e. non-seulement a éprouvé plus de plis que le bord de la choroïde, mais est encore évidemment reployé.

f. f. Limites antérieures, ou dernière marge de la rétine, qui paraît plus obscure et moins fine dans cette figure que dans la figure 3, et principalement dans la quatrième et la cinquième.

f. g. h. Corps ciliaire de la choroïde vu à travers le reste de l'humeur vitrée. Comme la plus grande partie de son étendue est couverte d'une couleur noire très-épaisse, sa structure plissée ne peut se voir distinctement qu'auprès du bord de la lentille. En l'examinant avec une attention suffisante, on aperçoit clairement que le corps ciliaire n'est pas couvert par la rétine.

h. Espace qui se trouve entre le corps ciliaire et la lentille, désigné dans le segment de la figure 3 par les lettres *z. z.*

i. k. l. La lentille enfermée dans sa capsule, s'aperçoit distinctement à travers l'humeur vitrée transparente. Elle est représentée partagée en deux (fig. 3) et vue entière de côté (pl. 10, fig. 9).

i. k. Iris vue à travers la lentille et l'humeur vitrée : elle est plus large dans le côté externe *i. k.* que dans le côté interne opposé. Comparez *d. e.* et *b. c.* fig. 4, pl. 10.

l. La pupille.

Figure 2.

Coupe perpendiculaire de la moitié postérieure du globe gauche, dont la moitié antérieure est représentée par la figure 1.

a. b. c. d. Désignent les mêmes parties que dans la figure 1, puisque les tuniques étaient entières avant la division du globe par le milieu.

e. — k. La rétine, dont le bord *e. f. e. f.* paraît plus reployé que dans la figure 1.

f. g. h. i. k. l. Face interne de la rétine vue à travers le reste de l'humeur vitrée.

IV.   8

l.   Point blanc et rond, par lequel le nerf optique s'insère au globe.

g. h. i.   Trois rameaux remplis de sang. Ils proviennent de l'artère et de la veine centrale de la rétine, qui entrent dans le globe à travers le nerf optique.

h. i.   Deux de ces vaisseaux sanguins qui entourent en forme de couronne le trou central ou le vrai centre de la rétine. Outre la figure 6 et la figure 5, la figure 4 rend très-bien cette couronne composée de deux filets principaux; *h.* filet supérieur; *i.* filet inférieur.

k.   Vrai centre de la rétine. Plusieurs plis, en se dirigeant vers ce point, cachent le trou central ceint d'une bordure jaune (fig. 4, *c. b.*; fig. 5, *d.*; fig. 6, *b.*). Ces plis se forment après que l'on a coupé le globe par le milieu, et que la rétine a été ridée par l'effet de cette section; car, comme la rétine posée sur l'humeur vitrée n'est point ou presque point adhérente à la substance noire, il est impossible qu'elle ne se plisse pas au moment où l'on coupe le corps vitré, qui lui servait d'appui et lui donnait son poli. La rétine se plisse ou se ride, principalement autour du trou central, tant parce qu'une force égale la presse de tous les points de la section vers le centre, que parce que le trou central, par cela même qu'il est un trou, devient le centre vers lequel se dirigent naturellement ces rides.

Cette espèce de disparition du trou central par l'effet de ces plis, m'explique pourquoi, au milieu de tant de laborieuses recherches relatives à la structure de l'œil, ce trou a échappé à tous les anatomistes qui m'ont précédé.

Pour mettre donc sous les yeux des physiologistes,
non-seulement la cause physique qui a dérobé aux
recherches ce trou central, mais encore cette disposition particulière de la rétine à se retirer vers ce
point lors de l'incision, après la mort, et à faire dans
cet endroit des plis en forme d'étoile, j'ai donné
exprès la rétine, dans la première et la seconde
figure, telle qu'on la voit après la mort, et non
comme elle est pendant la vie.

Car, pendant la vie, comme on le voit dans la fig. 3
de cette planche, et dans la figure au trait, pl. 13,
les trois tuniques du globe, la sclérotique, la choroïde et la rétine, sont couchées et comme tendues
uniformément l'une sur l'autre, sans aucune espèce
de plis, et séparées seulement par un (*b.*) mucus
noir et par une teinte (*d.*) de la même couleur.

Figure 3.

Coupe horizontale de la moitié inférieure du globe gauche
d'un adulte. Ce globe, très-frais, a été coupé sans préparation
artificielle, et dessiné sur-le-champ.

Comme la partie inférieure est entièrement semblable à la
supérieure, on a représenté seulement l'inférieure.

Pour rendre plus clairement certains détails, j'ai ajouté la
portion supérieure de cette figure dans la planche au trait, et
je l'ai présentée du double de sa grandeur naturelle.

Ce globe est d'une grandeur moyenne : c'est pourquoi ses
tuniques ne sont ni trop épaisses ni trop minces. Son plus grand
diamètre transversal est représenté par les lettres *c. u. u.* de la
figure supérieure.

8.

a. b. c. d. 6. Tunique sclérotique du globe; *a.* partie antérieure de la sclérotique; *b.* portion très-mince de la sclérotique, dont l'épaisseur est augmentée par les tendons des muscles droits, comme on le voit dans la pl. 13; *c.* sa partie moyenne plus épaisse; *d.* sa partie postérieure très-épaisse, à laquelle s'attache la gaîne des nerfs optiques; 6. petite éminence ou crible demi-sphérique, par lequel la substance médullaire du nerf optique entre dans le globe, pour former la rétine par son épanouissement. La place de ce crible est vue de face, fig. 2, vers *l*, et la fig. au trait, pl. 13, la montre d'une grandeur triple.

a. a. f. g. (Figure dont les dimensions ont été grossies à l'aide de la loupe.) La cornée; *a. a.* union de la sclérotique avec la cornée. La planche ombrée n'indique pas mal, dans la coupe *f.*, la structure par couches ou lames de cette dernière membrane; *g.* face postérieure ou concave de la cornée, qui, avec la face antérieure de l'iris, forme ce qu'on appelle la chambre antérieure de l'œil.

i. k. z. m. l. Tunique choroïde enduite extérieurement d'un mucus noirâtre, et intérieurement d'une couleur noire. Le cercle externe désigne le mucus noirâtre, et le cercle interne la couleur noire. Le cercle blanc, que l'on voit entre les deux cercles noirs, est la coupe de la choroïde.

i. k. Anneau gangliforme de la choroïde, qui la fait adhérer d'une manière plus ferme à la sclérotique et à la cornée; *i.* partie antérieure la plus épaisse de cet anneau; *k.* partie postérieure plus mince, qui disparaît peu-à-peu en arrière dans la choroïde. On voit de face, dans la figure 3, pl. 10, et de côté, dans la fig. 1, même planche, toute la circonférence de cet anneau. On peut voir doublé de grandeur, à l'aide de la loupe, dans la figure linéaire supérieure, et triplé, dans la figure au trait, planche 13, son double cercle inséré dans le double sillon du bord de la cornée.

i. k. l. m. s. (de la grande figure) Couronne ciliaire de la tunique choroïde. La partie *i. k*, qui regarde la lentille, offre un petit pli coupé; *i. s.* extrémité antérieure plus large de ce pli; *k.* son extrémité postérieure formant une pointe très-fine qui finit dans la choroïde par un tubercule.

o. p. q. r. Iris; *o. p.* face externe de l'iris coupée, qui, comme on voit dans la grande fig. vers 5. 6., est plus grande d'un sixième que l'interne, parce que l'anneau de l'iris est là ordinairement plus grand; *p. q.* marge de la pupille; *q. r.* face interne de l'iris coupée, presque toujours plus courte d'un sixième, parce que là l'anneau de l'iris est plus étroit.

s.   Face postérieure de l'iris, couverte d'une épaisse couleur noire.

t. t.   Partie de la choroïde, ordinairement un peu plus pâle, ou un peu plus éclairée.

u. u. w. Rétine; *v. u.* (de la grande figure) coupe de la rétine; *v. v.* marge antérieure ou limites de la rétine; *w.* face interne de la rétine, vue à travers l'humeur vitrée.

x. y.   (de la grande figure) La lentille avec sa capsule, coupée par le milieu; *x.* surface antérieure de la lentille plus plane; *y.* surface postérieure de la lentille, plus convexe.

z. s.   Distance de la lentille à la couronne ciliaire.

1. 2. 8. Nerf optique coupé par la moitié; 1. convexité du nerf optique; 2. sa concavité du côté opposé; 3. face du nerf optique divisé; 4. 5. gaîne du nerf optique fournie

par la dure-mère, composée de deux lames, l'une externe, plus mince 4., l'autre interne plus épaisse 5. Cette gaîne entre dans la sclérotique 6.

7.   Membrane choroïde du nerf optique.

8.   Vestiges des vaisseaux de la rétine, qui percent le centre du nerf optique.

6. 8. 3. Nerf optique, plus petit d'environ la moitié de son diamètre que dans le reste de sa longueur, comme on le voit fig. 2, *l*; fig. 4, *e*; fig. 6, *c*; et pl. 13, *au trait*, vers 6.

Figure 4.

Cette figure fait voir intacte, par sa face postérieure, la rétine ou la membrane nerveuse du globe gauche d'un adulte. La rétine est placée de façon que son vrai centre répond exactement à celui de la figure; aussi présente-t-elle une forme demi-sphérique qui est bien celle qu'elle a naturellement.

Il ne faut pas une grande dextérité pour préparer ainsi le globe, pourvu qu'il soit frais; car, la sclérotique et la choroïde une fois enlevées avec précaution sous l'eau, la rétine se montre entièrement unie, et sans aucuns plis ou rides. Plus le globe est frais, et mieux cette préparation réussit. Alors on aperçoit très-distinctement, dans le véritable centre de la rétine, le petit trou entièrement rond avec sa bordure jaune, que deux rameaux assez gros de vaisseaux sanguins ceignent d'une élégante couronne.

a.   Rétine étendue uniformément sur le corps vitré. Cette rétine est d'une dimension et dans une situation telles, qu'elle peut être adaptée à l'œil de la fig. 1, et que son centre correspond au centre de la lentille, dans la même ligne droite, c'est-à-dire dans l'axe du globe.

b.   Trou central de la rétine.

c.   Frange jaune qui entoure la marge du trou central, un
peu plus foncée vers le centre, et pâlissant peu-à-
peu vers la circonférence.

d. e. f. Point où le nerf optique coupé perce la sclérotique.
J'en ai donné le contour d'après les mesures les plus
exactes. C'est une chose étonnante que le nerf optique, dans tout son trajet, depuis le cerveau jusques
au globe, se trouve presque du double plus gros que
dans ce point. Comparez à ce sujet les fig. 2 et 6 de
cette planche, la fig. 1, pl. 10, la 2e, pl. 5, et la 2^e
de la pl. 13.

Dans la fig. 2 de cette planche, le même point paraît
beaucoup plus petit, tant parce qu'il l'est en effet,
que parce que l'éloignement le ferait paraître tel,
quand même il serait réellement plus grand.

e.   Ce point noir central désigne les orifices des vaisseaux
coupés transversalement. On voit clairement par cette
figure que cette artère et cette veine ont été nommées
improprement centrales. L'artère à laquelle on aurait
pu donner ce nom devrait passer par le centre même
de la rétine dans *c. b.;* mais celle que l'on nomme
vulgairement ainsi, est distante de deux lignes du
vrai centre de la rétine.

g. h. i. Trois rameaux principaux de vaisseaux remplis de leur
sang; *h. i.* deux de ces rameaux qui entourent le trou
central en forme de couronne; *h.* rameau coronal
supérieur; *i.* rameau coronal inférieur. Entre *h.* et *i.*
on voit quelques filets de ces rameaux se porter vers
le trou central. Pour rendre la distribution de ces
vaisseaux, il a fallu un soin prodigieux. Comparez *h. i.*
dans la fig. 2 qui présente de face cette couronne
prise d'un autre sujet.

Figure 5.

Vue de la rétine et du corps vitré dans lequel est logée la lentille avec sa capsule. Le rapport de cette fig. 5 avec la quatrième est le même que celui de la seconde avec la première. Elle offre la marge antérieure, les limites ou la terminaison de la rétine, l'espace qui existe entre la rétine et la capsule de la lentille, la face antérieure de la lentille enfermée dans sa capsule, et le trou central de la rétine vu à travers l'humeur vitrée et la lentille.

a. b. a. b. a. b. La rétine; *b. b. b.* marge antérieure ou limites de la rétine. J'ose assurer que la rétine se termine véritablement là, qu'elle ne s'étend pas jusqu'à la capsule de la lentille, et qu'elle passe encore moins par-dessus; et je l'affirme avec d'autant plus de certitude, que c'est ainsi que je l'ai vue très-souvent sur des corps humains, et que je l'ai fait voir à des élèves très-exercés. Cela est tellement visible dans les yeux frais, qu'il n'y a pas moyen d'en douter. Mais, si avant l'examen, les yeux ont passé quelque temps dans l'esprit-de-vin, la région *c. b.* devient opaque à sa surface, et d'une couleur blafarde, de façon qu'on la prendrait pour une continuation de la rétine. Un incident m'a prouvé plus clairement encore cette terminaison de la rétine : il arriva que dans le globe représenté fig. 5, qui avait été suspendu pendant quelque temps dans l'esprit-de-vin, le bord de la rétine se retira de lui-même du corps vitré. Cette séparation non-seulement se fait toujours à ce bord, mais cette extrémité détachée de la rétine est si unie, et si déliée, que l'art pourrait à peine l'imiter.

c. b. c. b. Couronne ciliaire formée autour de la lentille par la tunique hyaloïde du corps vitré. Lorsque l'ordre naturel est conservé dans tous ses rapports, cette couronne cadre tellement avec le corps ciliaire de la choroïde, enduit d'une couleur noire, que les sillons de l'un répondent aux éminences de l'autre : car les plis du corps ciliaire sont placés et fixés dans la couronne de ce nom. Ordinairement, après la séparation de la choroïde du corps vitré, il reste sur cette couronne un peu de ce mucus noirâtre qui appartient proprement à l'iris. Plus le globe est récent, moins il en reste; dans un globe très-frais, une très-petite quantité se trouve répandue au bord seul. C'est ce qu'on voit aussi dans notre figure.

c. e. e. c. d. La lentille attachée au corps vitré avec sa capsule.

d.   Trou central de la rétine, vu à travers le corps vitré et la lentille.

e. e.   Vaisseaux sanguins de la rétine vus à travers le corps vitré et la rétine : si la ramification de ces vaisseaux, la même que dans la fig. 4, paraît ici un peu différente, cela vient de la réfraction de la lumière dans le corps vitré et la lentille, à travers lesquels ils sont aperçus. Personne avant moi n'a donné, à ma connaissance, deux semblables figures de la rétine.

Figure 6.

Face externe de la rétine. Par sa face opposée ou interne cette membrane est adhérente au corps vitré. J'ai eu pour modèle le globe gauche d'un sujet différent de celui dont je me suis servi pour les fig. 4 et 5. La figure 6. a beaucoup de rapport avec la fig. 2 , pl. 13.

J'ai donné cette figure, soit pour faire voir très-distinctement le bord extrême ou les limites antérieures de la rétine, soit pour

IV.

montrer la situation du trou central, la distribution des vaisseaux sanguins jusques au bord extrême de la rétine, différente de celle qu'on voit dans les fig. 2., 4. et 5., enfin le rétrécissement du nerf optique un peu avant son épanouissement.

a. a. b.   La rétine ou la tunique médullaire du globe; *a. a.* son bord antérieur ou sa terminaison.

b.   Trou central de la rétine, entouré d'un bord jaune.

h. i.   Deux rameaux principaux des vaisseaux du centre de la rétine encore pleins de leur sang, qui entourent le trou central, en manière de couronne; *h.* le supérieur de ces rameaux dans sa situation naturelle; *i.* l'inférieur. On les voit dans la même situation vers *h. i.* de la fig. 2. et de la 4ᵉ.

c. d.   Le nerf optique dépouillé de sa gaîne; *c.* partie la plus effilée de ce nerf, un peu avant son épanouissement.

e. f. g.   Couronne ciliaire du corps vitré, que l'on ne trouve jamais recouverte par la rétine.

e. f.   Distance du corps ciliaire à la lentille.

g.   Reste de la couleur noire.

k. l.   La lentille adhérente au corps vitré dans sa capsule. *k.* partie de la lentille qui dépasse la couronne ciliaire. *l.* Partie de la lentille vue à travers la couronne ciliaire.

PLANCHE 10.

Figure 1.

Choroïde du globe gauche d'un adulte, avec les vaisseaux injectés, vue en grande partie du côté interne, c'est-à-dire du côté tourné vers les narines. C'est à dessein qu'on a ainsi placé le modèle, afin de faire voir une partie de l'iris, ce côté étant le plus court du globe, comme le prouve la fig. 3., pl. 9. *r. u.* 2; on l'a présenté ainsi, pour que l'anneau gangliforme de la choroïde fût mieux marqué que dans la figure 2, qui offre le côté opposé ou le plus long du globe.

Plus l'injection des vaisseaux de la totalité du globe est facile, et plus elle réussit fréquemment et complétement chez les enfants, plus ce succès est difficile, rare, et imparfait chez les adultes. La raison de cette différence est, sans doute, que les vaisseaux du globe des adultes, ordinairement pleins d'un sang épais après la mort, n'admettent pas aisément le cinabre ou quelque autre préparation. Le sujet qui a fourni le modèle étant mort par l'effet d'une hémorrhagie lente, on a pu remplir d'un cinabre délié, les veines elles-mêmes par la voie des artères.

Cette figure montre l'anneau gangliforme, ou le ganglion annulaire de la choroïde et les tourbillons des veines. En la comparant avec la 3ᵉ, on discernera assez bien la différence entre les veines de cette figure et les veines de celle-ci, suffisamment remplies d'une certaine substance, et modérément gonflées par leur propre sang. Ce globe est posé de manière à laisser voir la connexion mutuelle des deux tourbillons veineux; tandis que la fig. 2 montre un seul de ces tourbillons au centre. La face antérieure de cette choroïde se voit dans la fig. 3. La fig. 1ʳᵉ a donc avec la 3ᵉ les mêmes rapports qui existent entre la fig. 6 et la fig. 5 de la planche 9.

De la comparaison de cette figure avec celle de Zinn, déja mille fois copiée, il résulte évidemment, 1° que la première, quoique de grandeur naturelle, offre cependant un plus grand nombre de vaisseaux que celle de Zinn triplée de volume; 2° que la forme des tourbillons veineux ne diffère pas moins; 3° que la figure de l'iris, publiée par Zinn, n'a pas l'exactitude de sa description, puisqu'on y voit l'iris convexe et presque dépourvue de vaisseaux; 4° que l'iris est trop grande par rapport au reste de la choroïde, parce que, dans la figure de Zinn, le diamètre de la base de l'iris excède celui du reste de la choroïde; ce qui n'est pas; 5° que, sans égard pour le rapport naturel qui existe entre le diamètre de la choroïde et celui du nerf optique, ce dernier est trop gros; car ici on le représente comme étant la quatrième partie du diamètre de la choroïde, tandis que dans la nature, il n'en est réellement que la sixième; 6° la sclérotique étant plus épaisse postérieurement qu'antérieurement, sa coupe ne peut pas présenter l'apparence que lui donne Zinn au-dessus de *b*.

a. b.   Nerf optique; *b.* partie la plus effilée du nerf optique un peu avant son épanouissement.

c. d. e. f. Reste de la sclérotique, pour qu'on puisse mieux distinguer le trajet des nerfs et des artères, et leur distance de la choroïde.

g. — q.   Choroïde; *g. h. i. m.* anneau gangliforme de la choroïde qui, séparé antérieurement de l'iris par un sillon assez délié (*i*), disparaît peu-à-peu (*k. p.*) par derrière, vers le nerf optique.

m.   Artère ciliaire interne longue, dont les filets se rendent dans l'anneau gangliforme et dans l'iris.

n.   Veine ciliaire interne longue, dont les petites racines partent des dernières artères de l'iris et de son anneau.

o.   Nerf ciliaire interne long, qui se partage en fibrilles autour de l'anneau gangliforme.

p. p.   Les artères les plus longues et les plus courtes de la choroïde.

q. q.   Les nerfs ciliaires, dont le nombre, la grandeur, tant absolue que relative, la situation et la distribution, représentent la nature même.

r.   Petit tronc de la veine du tourbillon supérieur. Un
      tourbillon semblable se voit par l'intérieur, fig. 2, pl. 13.
s.   Petit tronc de la veine du tourbillon inférieur. On voit
      un semblable tourbillon du côté interne, fig. 2, pl. 13.
t.   Semblable petit tronc veineux.
g. h. Marge qui sépare l'iris du reste de la choroïde, et s'affaisse
      en forme de sillon. Comparez le point entre 5 et *i* dans
      la fig. 1 *au trait*, pl. 11. La figure 3 présente la face
      antérieure de cette iris.

Figure 2.

Face inférieure de la choroïde d'un adulte. Les veines sont
remplies de leur sang. Cette figure représente la forme du globe,
vu par sa face inférieure, et tout le tourbillon veineux vu de face,
tandis que dans la fig. 1re, on a représenté la corrélation des
deux tourbillons.

La comparaison de cette figure avec la fig. 1 donne la différence qui existe entre les vaisseaux remplis de leur propre sang,
et les vaisseaux injectés. Je me suis attaché, avec le plus grand
soin, à rendre exactement les nerfs ciliaires, et la marge de l'iris
dans le rapport qu'elle a avec le reste de la choroïde.

a. b.   Nerf optique; *b.* partie effilée du nerf optique, peu avant
         son entrée dans la sclérotique.
c. d. e. f. La sclérotique; *e. f.* coupe de la sclérotique destinée à
         faire connaître son épaisseur.
f. — g. La choroïde; *g. h. k.* anneau gangliforme de la choroïde,
         formé en grande partie, comme on le voit ici, des
         nerfs qui s'y rendent de toutes parts.
g. h. i. Iris; *g. h.* Bord de l'iris, qui paraît ici presque droit.
m.   Tourbillon de veines, inférieur.
n. p.   Nerfs ciliaires; *n.* partie de ces nerfs qui, n'ayant pas de

filets, se trouve entre la choroïde et la sclérotique; *p.* partie de ces nerfs qui transmet des rameaux, des filets et des fibrilles dans l'anneau gangliforme, et, par cet anneau, dans l'iris. Sur l'origine et le trajet des nerfs ciliaires jusqu'au globe, *voy.* la pl. 6.

Figure 3.

Face antérieure de la choroïde et de l'iris du globe gauche, dont la fig. 1 donne la face latérale qui regarde les narines. Cette figure offre le nombre et la disposition des nerfs qui se distribuent à l'anneau gangliforme et ensuite à l'iris.

a. b. c. Tunique choroïde; *b. c.* anneau gangliforme de la choroïde; *a.* son côté interne; *o.* son côté supérieur; *i.* son côté externe; *u.* Son côté inférieur. Cette situation de la choroïde rend plus aisée la comparaison qu'on en peut faire avec les fig. 1 et 2.

d. — g. Iris; *d. h.* bord un peu déprimé qui sépare l'iris du reste de la choroïde.

d. e. Anneau de l'iris le plus grand ou externe; *e. f.* anneau le plus petit ou interne; *g.* la pupille.

L'iris du côté nasal est ordinairement plus étroite *d. f.* que du côté opposé *g. h.* Cette différence a été rendue plus sensible, à dessein, dans la figure au trait. Je l'ai vue encore bien plus prononcée dans des yeux vivants.

n. n. Nerfs ciliaires, divisés en rameaux, un peu avant l'anneau gangliforme : leurs filets, filaments et fibrilles se dispersent dans cet anneau, de la même manière que le cinquième nerf du cerveau se disperse dans son ganglion représenté fig. 1, 2, 3. pl. 6. Cet anneau de la choroïde doit être regardé comme un ganglion, parce qu'il est formé par les nerfs ciliaires et par des vaisseaux sanguins entremêlés.

r.   Artère ciliaire externe longue.

s.   Artère ciliaire interne longue.

    Le peintre et le graveur ont, à mon avis, imité avec le plus grand succès, et la vérité la plus parfaite, la forme aplatie, délicate, et déliée, de ces petits nerfs ciliaires, ainsi que leur diverse grosseur et leur distribution.

Figure 4.

Face postérieure du segment antérieur de la choroïde que l'on a coupée perpendiculairement, après l'avoir tirée de l'œil gauche d'un sujet mort récemment. Cette figure, quoique dessinée d'après le modèle provenant d'un autre sujet, peut être regardée, sous certains rapports, comme la continuation de la fig. 1. pl. 9. La face antérieure de l'iris est brune. Entre autres choses, il est bon de remarquer la singulière épaisseur des plis du corps ciliaire, qui sont, pour ainsi dire, plus entassés, plus frisés, mais moins nombreux que dans les yeux bleus ou gris. En général, j'ai vu que les yeux noirs avaient presque toujours les tuniques plus épaisses, et une structure plus forte.

La couleur noire qui couvre la face interne de l'iris et de la choroïde a été conservée avec soin dans le modèle.

a.   La pupille.

b. c. d. e. L'iris enduite de son épaisse substance noire. Elle est ordinairement plus large dans son côté externe d. e., plus étroite dans l'interne b. c. C'est à dessein qu'on a rendu cette différence plus sensible dans la figure au trait, qu'elle ne l'était dans le modèle.

f. g.   Le corps ciliaire formé de cinquante-sept petits plis très-relevés, et comme un peu gonflés; f. extrémité antérieure des plis qui s'étend sur le bord de l'iris, et se perd dans l'humeur vitrée; c'est ce que l'on voit plus clairement dans la double fig. 3 *au trait*, pl. 9, et dans la pl. 13 ; *g.* extrémité postérieure des plis, qui s'efface insensiblement, et disparaît dans la circonférence.

h. g.   Point où la choroïde commence ordinairement à prendre une teinte moins noire.

Figure 5.

Face antérieure du segment antérieur de la choroïde, de l'iris, et de la membrane pupillaire, d'un fœtus de sept mois. Les artères et les veines du globe dont ces parties ont été tirées, avaient été injectées avec une préparation de cinabre.

i.   Artère ciliaire interne longue.

a.   Artère ciliaire externe longue.

b.   Iris.

c.   Membrane pupillaire avec ses vaisseaux injectés.

     On voit fig. 3, pl. 12, un semblable segment grossi au moyen du microscope.

Figure 6.

Segment antérieur de la conjonctive et de la cornée du globe gauche d'un fœtus de six mois, du double de son véritable diamètre. Les vaisseaux ont été remplis parfaitement du cinabre le plus délié.

Cette figure fait voir, non-seulement la grande abondance des vaisseaux de la conjonctive à cet âge, mais encore la manière particulière dont leurs rameaux jouent autour de la cornée.

a. i. o. u. La conjonctive ; *a.* son côté externe ; *i.* son côté interne ; *o.* Côté supérieur ; *u.* côté inférieur.

e.   La cornée.

     On voit le grand nombre de petits troncs artériels qui se portent de toutes parts à la conjonctive, et qui se

divisent et se sous-divisent en rameaux et filets joints
entre eux par de fréquentes anastomoses. Leurs pro-
longements, ordinairement cylindriques, et d'une
égale grosseur, forment enfin de petits arcs, tantôt
contigus et tantôt entrelacés. Dans l'état sain, je n'ai
jamais vu se diriger vers la cornée un seul rameau
rouge de ce tissu si serré.

Ces vaisseaux, adroitement remplis de cinabre dans des
fœtus avant-terme, font paraître le bord de la cornée
comme entouré d'un cercle rouge. On retrouve le
même effet chez les adultes, quand, au commencement d'une ophtalmie, le globe est plus affecté auprès
de la cornée que vers les paupières, en sorte qu'à
l'aide de la loupe, on discerne clairement les arcs de
ces vaisseaux remplis de sang; la cornée paraît alors
entourée d'une bordure tirant légèrement sur le couleur de rose, effet qui se remarque quelquefois dans
les yeux des nouveaux-nés.

Les vaisseaux qui se lient en arcades sont si déliés, qu'il
a fallu les doubler de volume, à l'aide de la loupe,
pour pouvoir les rendre distinctement. J'ai dû ce succès
à l'adresse et à la patience des artistes.

Figure 7.

Figure de la lentille de l'œil d'un nouveau-né. Sa partie postérieure arrondie, séparée de l'antérieure par une ligne ponctuée,
a une forme à-peu-près demi-sphérique, ce qui donne l'apparence
d'un globe à la lentille entière.

Figure 8.

Lentille d'un enfant qui avait à peine six ans, vue de côté. Il

IV.   10

est clair qu'elle diffère de la précédente, car la lentille s'est accrue
en rond ou en long, sans acquérir d'épaisseur.

Figure 9.

Représentation de la lentille d'un adulte. La différence entre le
segment sphérique antérieur et le postérieur, dont la lentille est
formée, paraît moins marquée que dans les lentilles précédentes.
La fig. 5, pl. 9 montre la face antérieure d'une lentille semblable,
et la fig. 1, pl. 9 sa face postérieure. J'ai dessiné avec soin sa véritable situation par rapport au reste du globe, dans la fig. 3, pl. 9,
et dans la figure 1, planche 13.

A raison de la diversité d'âge, il y a de grandes différences
entre les trois lentilles représentées par les fig. 7, 8, et 9 :
1° plus l'homme est jeune, moins la lentille a de contour, ou
plus elle est courte, si on la regarde de côté; plus il avance en
âge, plus le contour est grand, ou plus la lentille est longue.
Aussi voit-on qu'à dater de la naissance, la lentille ne croît plus
en épaisseur, mais en contour; 2° plus l'homme est jeune, plus
la lentille, en général, est convexe, ou sphérique; plus il avance
en âge, plus elle prend la forme lenticulaire; 3° plus l'homme
est jeune, plus il y a disproportion entre les deux parties dont
elle est formée, plus la partie postérieure est grande compara-
tivement à l'antérieure, ou plus petite est la sphère dont cette
partie postérieure forme un segment.

Je m'étonne comment l'industrieux Zinn ne s'est point aperçu
que l'artiste auquel il avait confié l'exécution de sa dernière
planche y a placé trois lentilles semblables, d'une dimension
énorme. L'épaisseur ou le petit diamètre de la lentille d'un adulte
(pour ne parler que de celle-là) est de trois grandes lignes, me-
sure de Paris. Ce volume démesuré ne saurait convenir à l'œil
humain dans l'état sain. Certes, je n'ai jamais vu ni lu que, dans
un homme sain, la lentille eût deux lignes d'épaisseur, encore

moins trois, et il est impossible de concevoir qu'un œil sain puisse se prêter à une lentille de trois lignes; car le plus grand diamètre de l'intérieur du globe, étant au plus de neuf ou dix lignes, il faudrait que la lentille à elle seule en occupât le tiers, ce qui est complétement démenti par l'observation.

On ne conçoit pas davantage comment, dans l'extraction de la cataracte, une lentille de cette dimension pourrait facilement sortir par la cornée, ou même par la pupille.

On trouve la même inexactitude dans les arcs dont l'artiste de Zinn a composé sa lentille. Le diamètre de la sphère du segment antérieur n'est pas même de cinq lignes dans la planche, tandis que Zinn lui-même avance, dans le chapitre V, que le diamètre de cette sphère est de sept lignes et demie. Le diamètre de la sphère du segment postérieur, qui est de quatre à cinq lignes et demie, en a à peine quatre. Cette figure est si simple, qu'il eût été facile de la corriger : Zinn l'aurait corrigée lui-même, s'il eût vécu plus long-temps, et cependant non-seulement on l'a copiée, mais les copistes en ont encore exagéré les défauts.

Figure 10.

Lentille mise dans l'esprit-de-vin et partagée en deux parties. Une semblable lentille, devenue opaque, paraît feuilletée comme un oignon; on la dirait composée de petites lames ou de couches appliquées les unes sur les autres.

Figure 11.

Lentille devenue opaque dans l'esprit-de-vin; la face postérieure que l'on voit ici a formé des éclats qui décrivent quatre portions de cercle inégales, et plusieurs autres plus petites. On peut distinguer quatre fentes ou gerçures extrêmement fines dans chacun des segments.

Figure 12.

Lentille qui avait perdu sa transparence dans l'esprit-de-vin,
partagée en huit segments qui se sont entr'ouverts en lames ou
courbes concentriques par l'effet d'une macération soignée.

a.   Trois lames d'un seul segment. La figure suivante offrira
la division ultérieure de ces lames.

Figure 13.

a.   Ces trois mêmes lames (*voyez* figure 12, *a.*) qui, par
l'effet de la macération bien ménagée, commencent
enfin à se séparer en fibres et en
p.   Fibrilles ou filets auprès de leurs bords libres *p. p. p. p.*

Quoique la lentille, préparée ainsi après la mort, s'ouvre
en portions de cercle, en lames concentriques, et en
fibres, il ne s'ensuit pas que la lentille fraîche ou
vivante soit ainsi composée de fibres, de lames, et de
portions de cercle.

Il y a dans le corps humain des liqueurs qui, en se coagulant, présentent une semblable substance fibreuse.
On en voit un exemple dans le tissu radié et fibreux
du calcul urinaire ou du calcul de la vésicule du fiel,
divisé par la scie. Je garde du sang que j'ai trouvé
dans la veine cave, auprès du cœur d'un embryon
conservé dans l'esprit-de-vin, et qui, desséché, a pris
une forme radiée et fibreuse.

Ainsi donc, après la mort, la lentille change de la même
manière que ce sang qui, en se coagulant, s'est trans-
formé en une substance radiée et fibreuse; et de
même qu'il ne faut point prononcer que le sang eut
cette nature fibreuse avant d'être coagulé, et mis dans
l'esprit-de-vin, de même on ne peut convenir qu'elle

appartienne à une lentille vivante, avant d'avoir été épaissie et conservée dans cette liqueur.

En effet, ce n'est point la seule différence qui existe entre la lentille saine et vivante et la lentille conservée dans l'esprit-de-vin. Elles diffèrent tellement entre elles, sous plusieurs autres rapports, qu'elles paraissent être de nature entièrement opposée.

Pendant la vie, la lentille saine est parfaitement transparente, sans couleur, visqueuse, glutineuse, molle comme de la gomme en liquéfaction.

Conservée dans l'esprit-de-vin, la lentille devient tout-à-fait opaque; elle prend une couleur laiteuse, ou paraît radiée comme une opale; elle est sèche, roide, duriuscule, fragile.

Je me suis permis cette digression pour montrer, par un nouvel exemple, combien il faut de circonspection pour ne pas transporter à la nature vivante ce qui n'appartient qu'au sujet mort. En un mot, de même que la lentille saine n'est pendant la vie, ni opaque, ni laiteuse, ni roide, ni duriuscule, de même elle ne paraît point, pendant la vie, composée de fibres. Car ce qui lui donne ces qualités, lui donne aussi le caractère fibreux.

Explication des Planches 9 *et* 10, *coloriées.*

Plusieurs considérations m'ont déterminé à donner, en forme de supplément, une répétition des planches 9 et 10.

En effet, quelques parties ont besoin d'être distinguées par des couleurs, sans lesquelles elles ne pourraient pas être parfaitement saisies; par exemple, le bord jaune du trou central de la rétine.

Ensuite il m'a paru important de donner ces mêmes planches coloriées, 1° parce que peu d'anatomistes trouveront, comme moi, au milieu des malheurs de la guerre, des occasions aussi fréquentes d'observer ces parties sans altération sur des sujets très-récents; 2° parce qu'il sera très-avantageux aux amateurs d'anthropologie, d'en connaître en même temps les formes et les couleurs.

Or, comme ni la planche ombrée, ni la planche au simple trait, n'auraient facilement souffert les couleurs, il m'a fallu en faire graver une nouvelle.

J'ai profité de l'occasion pour donner quelques suppléments, et éclaircir les contraires par les contraires. Ainsi la fig. 3, pl. 9, ombrée, représente, à dessein, le globe partagé horizontalement, tel qu'on le trouve après la dissection la plus exacte et la plus heureuse, c'est-à-dire la lentille un peu baissée, l'iris convexe, et le bourrelet, par lequel elle tient à la sclérotique, prodigieusement renflé. J'ai préféré cette situation des parties, quoiqu'elle s'éloigne de celle qui a lieu pendant la vie, pour faire voir, par des exemples, combien les parties du corps humain souffrent de la préparation, même de la meilleure, et de quelle sévérité de jugement on a besoin pour exécuter des figures anatomiques.

Les médecins qui se livrent au traitement des maladies des yeux, ne trouveront point superflues des figures coloriées qui éclaircissent des matières aussi importantes pour eux. Ceux qui n'approuveront pas ces additions peuvent consulter les pl. 9, 10 et 13, *au trait*.

Au reste, la figure coloriée rend très-fidèlement l'épaisseur de la sclérotique, évaluée d'après une estimation moyenne. C'eût été m'écarter, sans raison, de mon plan, que de représenter au naturel les fig. 1 et 3 de la pl. 9, de la même manière que la fig 2 de la même planche; car je me suis proposé de rendre, par ces figures, les rugosités de la rétine, et notamment les rides et les plis qui voilent le trou central, et que l'on a crus, sans fondement, exister pendant la vie.

Enfin ces planches répétées m'ont servi à désigner une variété

de l'iris (*voy.* pl. 9, fig. 1; pl. 10, fig. 2 et 4). Cette variété se
rencontre rarement aussi prononcée; mais, lorsqu'elle existe,
elle explique admirablement la structure et la fonction de l'iris,
savoir que son côté interne est plus étroit que son côté externe.
Cette différence se voit rarement aussi-bien qu'ici; cependant je
l'ai aperçue encore plus marquée dans des hommes vivants.

Explication des Planches 11 *et* 12.

Ces planches suivent naturellement la 9e et la 10e, et en paraissent la continuation, attendu qu'elles montrent les parties les
plus déliées du globe, parties qui ne peuvent être observées à
l'œil nu.

Je me suis attaché, en les publiant, à présenter, dans une
dimension suffisante, les réseaux les plus déliés des vaisseaux,
tels qu'ils se trouvent dans les diverses parties du globe de l'œil,
et à faire voir en quoi ils se ressemblent, et en quoi ils diffèrent.

Ainsi, ces deux planches donnent la situation, la direction, le
nombre, le volume, la forme, l'entrelacement, et les anastomoses
des vaisseaux sanguins de l'iris, de la choroïde, de la rétine, de
la membrane pupillaire, et de la capsule de la lentille cristalline.

Les petits espaces entourés d'un trait, placés à côté de six
figures, indiquent la véritable grandeur de la partie représentée.

Je donne à ces figures différents degrés de grandeur; savoir:
aux fig. 1 et 2, pl. 11, et aux fig. 1 et 2, pl. 12, vingt-cinq fois
leur diamètre naturel; à la quatrième, planche 11, et à la troisième, planche 12, quatre fois; à la troisième, planche 11, deux
fois seulement.

Ne voulant qu'être clair, je me suis borné à employer une
lentille assez forte pour représenter les dernières fibrilles des
vaisseaux.

On a pu facilement reconnaître et rendre fidèlement les der-

niers filets visibles de vaisseaux sanguins de la lentille et de la
membrane pupillaire, en se contentant de quadrupler leur grosseur ; mais, pour les vaisseaux de la rétine, une augmentation
de vingt-cinq fois leur volume naturel a suffi à peine, comme
on le voit fig. 2, pl. 12.

Toutes les figures de ces deux planches ont été dessinées sur
des pièces dont j'ai si bien rempli les vaisseaux sanguins de
cinabre broyé avec de la colle de poisson, que non-seulement
la composition poussée dans les artères est revenue par les veines,
mais encore que l'on trouverait à peine de la place pour un
nouveau vaisseau dans ce tissu formé de vaisseaux innombrables.
En examinant la fig. 1, pl. 11, et la fig. 1, pl. 12, on concevra
à peine que des vaisseaux puissent se mêler et s'entrelacer dans
un réseau aussi serré.

Au reste chaque figure a été dessinée sur des modèles frais ou
humides, et non pas sur des pièces préparées, desséchées, ridées,
et vernies.

Je garde avec soin dans l'esprit-de-vin les modèles qui ont
servi pour ces figures, et j'ai soumis les unes et les autres, pour
en faire la comparaison, à des gens qui sont bons juges dans ces
matières.

Il est constant que les vaisseaux sanguins, bien remplis de
cinabre, se voient plus distinctement et en plus grand nombre
dans les membranes du corps humain desséchées et vernies, soit
parce que le parenchyme se ride et attire à lui les vaisseaux
voisins, soit parce que l'huile ou la résine du vernis rend la
membrane transparente, de manière à faire ressortir les vaisseaux
les plus profonds.

Mais plus on gagne en netteté, quand on reproduit par ces
procédés les vaisseaux de ces membranes, moins on peut connaître avec exactitude ce qu'elles sont véritablement pendant la
vie, à raison de l'altération que subissent leur situation, leur

direction et leur forme. Je me suis donc singulièrement félicité
du succès que j'ai obtenu en injectant ces vaisseaux ; car il est
arrivé qu'en comparant mes modèles avec ceux de Lieberkühnius,
j'ai trouvé dans les miens, frais et humides, une bien plus
grande quantité de vaisseaux que dans les siens, desséchés et
vernis. On pourra s'en convaincre, en comparant mes figures
avec celles de Zinn, exécutées par l'habile Kaltenhofer, sur les
excellents modèles de Lieberkühnius.

Il résultera de cette comparaison, que j'ai donné dans ma
première figure, en une seule pièce, cette portion de la choroïde
que Zinn a donnée en trois parties séparées dans ses première,
seconde et troisième planches.

Il ne sera pas moins évident que mes figures sont très-dif-
férentes de celles de Zinn, dans la manière de rendre chacune
des parties de ce réseau vasculeux.

Zinn, planche 3, figure 3, donne à l'iris des vaisseaux, non-
seulement beaucoup moins nombreux, mais encore d'une forme
différente de celle que présentent les miens.

Dans les petits plis des procès ciliaires, Zinn, planche 2,
figure 3, *b. d.*, représente des petits vaisseaux plus nombreux et
plus déliés que les miens; mais je puis affirmer que, dans cin-
quante yeux et plus assez bien injectés, je n'ai jamais trouvé
de vaisseaux, ni si nombreux, ni si fins, et que ce réseau paraît
une pure invention de Kaltenhofer.

Dans le reste de la choroïde (*voyez* pl. 1, fig. 2, qui répond
à ma fig. 1, pl. 11, aux lieux désignés par les lettres $x. y. z. 1$),
Zinn a donné un réseau vasculeux trop simple et presque trop
régulier.

Je ne saurais donc assez louer l'habileté infatigable de l'artiste qui s'est efforcé de satisfaire à mes désirs, au risque d'y
perdre la vue; car, sa constance a été telle, que, durant plusieurs semaines, il a employé des jours entiers à dessiner la

figure 1 de la planche 11, et la figure 1 de la planche 12. Imitateur scrupuleux de la nature, il n'a pas imaginé une seule ligne de ce réseau, et lorsque, par une trop grande contention, il sentait ses forces épuisées, elles se ranimaient à la seule pensée que son art transmettait à la postérité la connaissance de cette toile vasculeuse.

Ceux qui examineront la figure 1, représentant un fragment de l'iris et de la choroïde, s'apercevront sur-le-champ que la structure réticulaire des vaisseaux, quoique renfermée dans un espace à peine de trois lignes, se distingue par quatre variétés au moins.

Entre $x. y. z. 1.$, cette toile vasculeuse est maillée comme un réseau.

Plus en devant, entre $r. s. x. y.$, elle offre des stries disposées comme des racines.

Dans les plis entre $m. q. r. s.$, ces stries se courbent en arcs.

Dans l'iris entre $d. e. f. g.$, elle est traversée en tous sens par des lignes onduleuses.

Cette diversité n'est point due au hasard; elle est constante et perpétuelle.

Une chose très-digne de remarque, c'est que l'œil de l'homme soit distingué de celui des autres animaux par une forme toute particulière des réseaux vasculeux : par exemple, dans l'œil du singe, le réseau des vaisseaux de la choroïde diffère, non-seulement du réseau de l'œil de l'homme, mais encore de celui du chien, et plus évidemment de celui du veau.

Ainsi, il sera aussi facile de discerner, à l'aide du microscope, les choroïdes bien injectées des divers animaux, même dans un espace d'un quart de ligne d'étendue, qu'il est facile de distinguer un peuplier dépouillé de ses feuilles, d'un chêne, d'un poirier, d'un pommier, ou de tout autre arbre, par la seule disposition de ses branches et de ses brindilles.

Ne voulant point traiter ici de l'anatomie comparée, qu'il me suffise d'avoir touché cette matière. Elle mérite une attention particulière, et cependant personne jusqu'ici ne s'en est occupé.

Si l'on compare la face antérieure de l'iris avec la face postérieure, c'est-à-dire la figure 1 de la planche 11 avec la figure 1 de la planche 12, on aperçoit la diversité assez remarquable de la forme des réseaux vasculeux, particulièrement de ceux du petit cercle de l'iris.

Certes, en rapprochant le réseau vasculeux de la rétine (fig. 2, pl. 12), de cette partie du réseau de la choroïde qui, dans la situation naturelle, lui est contiguë, on apercevra très-distinctement la différence de ces deux réseaux.

Le réseau de la rétine est un tissu lâche, composé de fils déliés et assemblés en arcs; le réseau de la choroïde, dans quelque partie que ce soit, est un tissu formé par l'entrelacement de filaments plus forts. De plus, les vaisseaux du réseau de la choroïde sont forts et aplatis, ceux du réseau de la rétine sont déliés, mais cylindriques.

Si nous comparons le réseau vasculeux de la choroïde d'un adulte (pl. 11, fig. 2) avec celui de la choroïde d'un enfant (pl. 11, fig. 1, dans la région 6. 7. 8.), nous verrons que, dans la figure 2, les troncs des vaisseaux sont à la vérité plus gros, plus forts, et ont leurs rameaux plus développés et plus étendus, mais que cependant ce réseau conserve une forme particulière dont la différence est peu sensible.

Combien diffère de ces deux espèces de réseaux qu'on remarque dans la choroïde et la rétine (pl. 11, fig. 1; et pl. 12, fig. 2), le réseau subtil, de forme étoilée, qui se compose des vaisseaux déliés de la capsule de la lentille dans la figure 4, planche 11, et celui qui est formé par les vaisseaux de la membrane pupillaire, dans la figure 3, planche 12!

11.

Il serait bien important d'observer de la même manière et de dessiner les réseaux vasculaires, au moins dans les autres organes des sens et dans les principaux viscères du corps humain : je sais, par ma propre expérience, qu'ils présentent de grandes différences à ceux qui les étudient.

Je voudrais donc que mes expériences encourageassent les anatomistes à de semblables travaux.

PLANCHE II.

Figure 1.

Partie de la choroïde d'une petite fille nouvellement née, vue par sa surface interne ou tournée vers la cavité du globe. On lui a donné un diamètre vingt-cinq fois plus grand que nature. Ses vaisseaux sont entièrement remplis de cinabre pur.

a. Véritable grandeur de ce fragment.

b. c. d. e. f. g. Face interne ou postérieure de cette partie du fragment qui appartient à l'iris.

b. c. Partie de la marge de la pupille ou de la marge pupillaire de l'iris.

f. g. Partie de la marge de l'iris du côté de la cornée.

b. c. d. e. Partie du petit anneau ou de l'anneau interne de l'iris. Cet anneau, par la finesse et la figure particulière de son réseau, se distingue clairement du grand anneau. Les petits troncs du réseau vasculeux, sortis des

h. h. Petits troncs du grand anneau, plus profonds mais apparents, se lient entre eux par de fréquentes anastomoses, et se portent presque tous obliquement à travers ou sur ces vaisseaux qui les ont fournis. Pour rendre plus visible ce réseau si délicat, je l'ai fait graver sans ombres.

d. e. f. g. Partie du grand anneau ou anneau externe de l'iris,
dont les vaisseaux se portent en forme de rayons
vers le petit anneau.

i. k. l. Trois artères plus grandes fournies par la couronne
dont les artères longues ciliaires entourent l'iris,
comme on le voit clairement par la fig. 1, pl. 12,
dans laquelle les artères sont désignées par les mêmes
lettres.

m. n. o. p. q. r. s. Petite portion du corps ciliaire.

n. o. Trois plis entiers.

m. q. Deux fragments de plis.

t. v. Bord d'un pli légèrement gonflé et libre, qui, dans sa
situation naturelle, se plonge dans le corps vitré au
bord de la lentille.

v. w. Bord profond, plus délié, auquel s'attache un pli voi-
sin, tous ces plis se liant entre eux par leurs bords.

r. s. x. y. Partie cannelée de la choroïde, qui se trouve entre le
corps ciliaire et le bord antérieur de la rétine, comme
on peut le voir planche 9, figure 1 ; et planche 10,
figure 4, *f. g.*

x. y. z. 1. Partie de la choroïde à laquelle correspond la rétine.

x. y. Point de la choroïde auquel correspond le bord antérieur de la rétine.

2. 3. 4. 5. Petits troncs des tourbillons veineux, qui paraissent
couverts en grande partie d'un réseau très-fin de
petits vaisseaux qu'ils ont fournis eux-mêmes.

6. 7. 8. 9. Point de la partie de cette choroïde qui peut être comparée avec la figure 2, dessinée d'après la choroïde
d'un adulte.

Figure 2.

Particule de la face interne de la choroïde d'un homme adulte, d'un diamètre vingt-cinq fois plus grand que nature.

Les vaisseaux sanguins de l'œil qui m'avait fourni cette petite portion de choroïde, avaient été entièrement remplis d'un cinabre très-fin. Du reste, cette figure est telle, qu'on peut la comparer aisément avec la partie qui lui ressemble parfaitement dans la figure 1 de la planche 11. C'est l'espace marqué 6. 7. 8. 9.

6.   Principal petit tronc de l'artère qui se partage dans

7.   Un rameau supérieur et

8.   Un rameau inférieur, d'où partent les

9.   Filets entremêlés dont j'ai parlé, qui s'anastomosent entre eux.

a.   Véritable grandeur de cette particule. Son réseau diffère évidemment du réseau de la figure 1, planche 11, pris sur un enfant nouveau-né, par une plus grande épaisseur et par un certain développement plus considérable des filaments.

Figure 3.

Face interne concave de la rétine de l'œil gauche d'un enfant. Cette figure est représentée du double de sa grandeur naturelle. L'injection des artères a parfaitement réussi.

a.   Le point où le tronc central de la rétine est entouré d'un bord jaune est ici caché sous des rides ou plis.

b. b.   Plis de la rétine qui cachent le trou central.

c.   Insertion de l'artère centrale dans la rétine.

c d.   Deux rameaux principaux de l'artère centrale qui forment, en quelque sorte, une couronne autour du trou central.

e. e.   Le petit carré ponctué désigne l'endroit qui, dans la
figure 2, planche 12, est représenté vingt-cinq fois
plus grand que son diamètre ordinaire.

Figure 4.

Face sphérique postérieure de la lentille enfermée dans sa
capsule, tirée d'un fœtus de sept mois. Elle est représentée d'un
diamètre quadruple. Les vaisseaux ont été soigneusement remplis de cinabre.

A.   Vraie grandeur de la lentille.
b.   Petit tronc de l'artère centrale de la rétine, qui s'étend,
à travers le milieu de l'humeur vitrée, jusqu'à la
capsule de la lentille, à laquelle il envoie de toutes
parts de petits rameaux dont la réunion affecte une
forme étoilée ou radiée, tellement toutefois, que les
plus gros et les plus déliés se succèdent alternative-
ment, mais sans aucun ordre régulier.

PLANCHE 12.

Figure 1.

Face antérieure ou visible à travers la cornée, de la portion
d'iris que la figure 11, planche 1, montre par sa face interne
b. c. f. g.

Quoique cette figure offre cette même portion seulement en
sens inverse ou par son côté externe, et que, par exemple, les
artéres *i. k. l.* soient très-ressemblantes dans les deux figures,
cependant on voit que, dans celle-ci, la partie représentée de
l'iris est plus large que dans l'autre. La cause de cette diversité
est dans la nature même de la chose; je veux dire que pour
rendre d'une manière exacte le réseau des vaisseaux dans le

petit anneau de l'iris, j'ai eu besoin d'un espace plus étendu que celui qui a suffi pour la figure 1, planche 11. Autrement il aurait fallu supprimer les points *n. n.*, si nécessaires à la connaissance complète de ce réseau.

a. Véritable grandeur du modèle de cette figure.

b. c. Partie du bord de la pupille ou de la marge pupillaire de l'iris.

f. g. Partie de la marge de l'iris qui regarde la cornée, et se voit ici couronnée en quelque sorte par le rameau de l'artère ciliaire longue.

b. c. d. e. Partie du petit anneau, ou de l'anneau interne de l'iris, remarquable par la finesse de ses vaisseaux, qui s'avancent en travers sur de plus gros.

d. e. f. g. Partie du grand anneau, ou anneau externe de l'iris.

i. k. l. Trois artères plus grandes que les autres, qui naissent du rameau coronal (*f. g.*) des artères ciliaires longues, et se dispersent dans l'iris.

m. m. Artères plus petites, qui prennent naissance entre de plus grandes.

n. n. Filets des grandes artères, qui se dispersent dans le petit anneau.

Figure 2.

Particule de la rétine de l'œil d'un enfant dont les artères ont été remplies d'un cinabre très-fin : elle est représentée vingt-cinq fois plus étendue que son diamètre. Le lieu de la rétine d'où j'ai tiré cette particule est marqué dans la figure 3 de la planche 11 par le carré *e. e.*

a. Véritable grandeur de ce fragment. On voit assez clairement la différence qui existe entre ce réseau et les autres présentés dans les planches 11 et 12.

Figure 3.

Partie antérieure de la choroïde avec l'iris et la membrane nommée pupillaire, prise de l'œil gauche d'un fœtus de sept mois. Elle est représentée d'un diamètre quadruple. Les vaisseaux sanguins ont été remplis de cinabre.

Quoique le réseau vasculaire de la membrane pupillaire ait été parfaitement représenté par plusieurs anatomistes, tels qu'Albinus, Blumenbach, Haller, Wachendorff, Walter, Wrisberg, je n'ai cependant pas regardé comme inutile d'en donner une nouvelle figure exacte et soignée, afin qu'en la comparant avec les autres, on en ait une représentation tellement fidèle, qu'on n'y puisse découvrir un seul fil arbitrairement placé.

Au reste, la différence qui existe entre la figure au trait et la figure ombrée vient de ce qu'après la terminaison de cette dernière, j'ai trouvé enfin quelque chose de nouveau. J'ai en effet remarqué que les artères ciliaires longues couraient horizontalement; ce que j'ai rendu sensible par une figure au trait.

A.   Véritable grandeur de ce fragment.

a. b.   Choroïde propre du globe.

c.   Anneau gangliforme de la choroïde.

c. d.   Iris. A travers les espaces que laissent entre eux les vaisseaux remplis de cinabre, on voit la poussière noire dont sa face postérieure est couverte.

d. e.   Membrane pupillaire dont les artères naissent de celles de l'iris, et dont les veines passent dans les veines de l'iris.

f.   Artère ciliaire longue, interne.

g.   Artère ciliaire longue, externe.

L'une et l'autre, en se partageant, entourent l'iris d'une espèce de couronne d'où les principales ar-

IV.   12

tères de cette membrane prennent naissance.

1. 2. 3. 4. 5. Cinq tourbillons veineux dans la choroïde (1).

Explication de la Planche 13.

Appareil de l'organe de la vision vu de côté, ou surface plane d'une section perpendiculaire du cône de l'orbite gauche avec les parties contenues dans cette cavité.

La section a été faite de manière que le cône de l'orbite, le sourcil, et le globe avec ses dépendances, ont été divisés en deux portions égales, l'une externe, l'autre interne : cette planche donne la coupe de la portion interne.

Je m'étonne que, parmi tant de personnes qui ont étudié ou représenté l'organisation de cette partie si délicate du corps humain, il ne s'en soit trouvé aucune qui ait employé cette coupe si simple pour en bien connaître la structure, pour découvrir l'assemblage de toutes ses parties, et constater dans son intégrité, leur position respective.

Regarder cette figure de l'œil humain comme aussi nouvelle qu'importante, n'est donc autre chose qu'user de mon droit.

Elle peut passer pour le chef-d'œuvre de l'artiste qui l'a non-seulement dessinée avec la plus scrupuleuse exactitude, mais encore exécutée avec la plus rare élégance, et qui n'a pas craint de revenir dix fois sur son ouvrage avant de le terminer.

On a conservé à chacune des parties de l'organe visuel, que l'on voit ici, la situation qu'elle tient de la nature. Dans le modèle qui a servi à la figure 1, je ne me suis pas permis d'en-

---

(1) Ici se trouve dans l'original la septième planche omise dans la traduction ; outre les passages qui n'ont trait qu'aux figures supprimées, j'en ai retranché quelques autres qui ne m'ont point paru indispensables, et pouvaient, à mon avis, être omis sans nuire à la clarté. *Voyez* ci-dessus, page 7. (*Note du Traducteur.*)

tamer, avec le scalpel, même de petites portions de graisse, de
peur qu'en voulant porter çà-et-là plus de clarté sur certains
détails, je ne vinsse à troubler la position de quelques parties
délicates.

Aussi, malgré la simplicité de cette coupe et le peu d'art qui
se montre dans la gravure, je ne crois pas que, dans tout mon
ouvrage, l'organe de la vision soit mieux représenté. Il résulte
clairement en effet, soit de l'indication détaillée des parties,
soit de la grande quantité de lettres qui les désignent, que l'œil
peut saisir un assez grand nombre d'objets dans un espace qui
n'excède pas les dimensions les plus communes.

Il faut être très-familier avec chacune des parties de l'organe
de la vue pour se servir utilement de cette planche, où se trouvent tout à-la-fois des déterminations exactes, des éclaircisse-
ments nombreux, et des additions inconnues jusqu'ici.

C'est ce qui m'a déterminé à la mettre à la suite des autres.

Pour désigner convenablement chaque objet et le discerner
avec facilité, non-seulement j'ai ajouté la planche 13 au trait,
mais je lui ai encore donné un diamètre triple, et j'ai fait colo-
rier les deux figures. Autrement il eût été difficile de bien rendre
les doubles lames des tuniques, et de distinguer des parties
assez semblables entre elles, mais de couleur différente; on
aurait de plus éprouvé beaucoup d'embarras à chercher les lettres. Il a fallu sur-tout représenter les parties du globe d'un
diamètre plus considérable, afin de rendre le rapport mutuel
des tuniques plus sensible et plus vrai que dans les figures de
grandeur naturelle.

Celle-ci ne sert pas seulement comme les autres figures au trait,
à désigner les parties, mais elle sert encore à représenter leur
véritable forme, et leur rapport entre elles.

Indépendamment de ce que l'on voit dans les planches précédentes, la planche 13 présente:

La situation, la disposition pyriforme, la hauteur, la grandeur ou la capacité, la direction de l'axe, la graisse étendue sous toutes les parties, la marge et le contour de l'orbite osseuse;

Le vrai caractère du passage ou de la connexion de la dure-mère, partie avec le périoste de l'orbite, partie avec la gaine du nerf optique, partie avec les tendons de quelques muscles de l'œil;

La situation du globe, la direction de son axe comparée avec celle de l'axe de l'orbite; ses connexions, et le mode de sa cohésion avec les parties voisines; les muscles dont il est entouré et les paupières dont il est couvert;

La vraie situation des tourbillons veineux dans la choroïde, la situation et la direction des artères longues ciliaires et de l'artère centrale de la rétine, l'aplatissement naturel et léger du nerf optique lorsqu'il traverse le canal osseux, et ensuite sa forme cylindrique, sa longueur, sa courbure onduleuse, et son insertion au globe de l'œil;

La situation, la direction, la longueur, la grosseur, la forme, la flexion, et l'insertion tant des extrémités des tendons que du ventre du muscle releveur de la paupière supérieure et de celui du muscle droit inférieur du globe; la situation et le volume de la chair du muscle oblique inférieur; la situation, le volume et la largeur du tendon du muscle oblique supérieur;

Les paupières composées de couches, leur application au globe, les plis qu'elles forment lorsque l'œil est ouvert, et leur développement lorsqu'il est fermé; l'application mutuelle des bords palpébraux, et le petit canal qu'ils laissent entre eux;

La situation en forme d'X des cils, lorsque les bords des paupières sont rapprochés, et le petit espace qui reste entre les cils et les marges des paupières;

Le passage de la peau de la face dans celle des paupières et dans la conjonctive du globe;

La disposition externe, la longueur ou la hauteur, la direction, l'adhésion et les limites des bourses (ou replis) de cette membrane;

La grande quantité de graisse de l'orbite qui, en servant d'appui et de rempart au globe, retient les muscles, les vaisseaux sanguins, les nerfs, et favorise le mouvement de ces parties;

Tous ces objets sont représentés avec la plus grande vérité dans leur grandeur naturelle.

Il est presque superflu d'avertir que, dans l'explication des figures, il faut ajouter à-peu-près par-tout le mot *coupe*, attendu que je l'ai exprès omis, tant pour abréger que pour en éviter la répétition fastidieuse. Ainsi, par exemple, les mots *A. paroi supérieure de l'orbite*, veulent dire *coupe de la paroi supérieure de l'orbite*.

Figure 1.

Coupe perpendiculaire de l'appareil de la vision, vue de côté, les paupières fermées.

A. 11.   Orbite osseuse.

A. H.   Paroi supérieure de l'orbite.

A. B.   Face polie de cette paroi tournée vers l'orbite.

C.C.G.H. Sa face bosselée tournée du côté du cerveau, et dont les dépressions et les éminences correspondent aux dépressions et aux éminences de la face inférieure du lobe antérieur du cerveau, appuyé sur elle.

A.D.E.F. Partie frontale du coronal.

C. C. G.   Partie orbitaire du même os.

E. E.   Cellules médullaires de la partie frontale.

F.   Sinus frontal gauche.

F. F.   Cellules médullaires de la partie orbitaire.

G.   Suture entre l'os du front et la grande aile de l'os basilaire.

G. B. H. Partie de la petite aile, ou aile supérieure de l'os basilaire qui forme la paroi supérieure du canal du nerf
optique.

II. — M. Paroi inférieure de l'orbite.

K. L.   Fente orbitaire remplie de fibres tendineuses, de graisse,
de vaisseaux et de nerfs.

M.   Partie de la petite aile, ou aile supérieure de l'os basilaire qui forme la partie inférieure du canal du nerf
optique.

L.   Périoste.

B. H. M. Canal dans la petite aile de l'os basilaire pour le nerf
optique.

N.   Périoste de l'os du front.

O.   Continuation de ce périoste vers la paupière supérieure,
sous la forme d'un arc presque tendineux.

×. ×. Axe du cône de l'orbite.

T. U. V. Point où la dure-mère adhère,

T.   Partie au périoste orbitaire,

U.   Partie à la gaîne du nerf optique,

V.   Partie au tissu cellulaire du tendon du releveur de la
paupière supérieure (*i.*) et du muscle droit supérieur de l'œil (4.).

W. — Z. *Le front.*

W.   Épaisseur de la peau du front.

X.   Graisse entre la peau et le muscle frontal.

Y.   Muscle frontal.

Z.   Graisse située entre le muscle frontal et le périoste de
l'os du front.

a. — *d. Sourcil.*

a.   Le muscle sourcilier (*).

(*) Corrugator supercilii. Soemmerring. (*Note du Traducteur.*)

b.   Section de la veine frontale.

c.   Section de l'artère frontale.

d.   Poils du sourcil.

e. — q. Paupière supérieure.

e.   Peau maigre du sourcil.

f.   Graisse en-deça du sphincter des paupières, qui disparaît peu-à-peu vers le bord.

g.   Sphincter des paupières.

h.   Graisse au-delà du sphincter des paupières, qui se perd insensiblement vers le bord.

i.   Tendon du releveur de la paupière supérieure.

k.   Tissu cellulaire très-fin entre ce tendon et la conjonctive.

l.   Cartilage de la paupière supérieure.

m.   Vestiges des follicules sébacées.

r. r. s. t. Conjonctive de la paupière supérieure;

r. r.   Point où elle recouvre le cartilage et les glandes sébacées;

r. s.   Lieu où elle s'attache au tendon par un tissu cellulaire maigre,

r. k. s. t. D'où elle se réfléchit sur elle-même;

s. t.   Portion qui embrasse la sclérotique du globe.

y. r. 24. s. Bourse supérieure de la conjonctive, c'est-à-dire espace entre chacune de ses lames dont l'une recouvre la paupière supérieure et l'autre le globe. Cet espace forme ici une ligne noire assez visible, parce que ces lames se touchent.

o. p. q. Marge de la paupière supérieure.

o.   Crête interne la plus mince de cette marge.

p.   Crête externe la plus épaisse.

q.   Endroit où la peau fine de la face se confond dans la conjonctive de la paupière supérieure.

u.   Cils de la paupière supérieure.

n.   Section de l'artère coronaire de la paupière supérieure.

a. — q. Paupière inférieure.

a.   Épaisseur de la peau de la joue, qui s'amincit pour former la peau de la paupière inférieure.

b.   Graisse en-deçà du sphincter des paupières.

c.   Sphincter des paupières.

d.   Graisse au-delà du sphincter des paupières.

g. e.   Cartilage de la paupière inférieure. La ligne dentelée montre les vestiges des glandes sébacées.

    Marge la plus extrême de la paupière inférieure.

f.   Crête externe et plus épaisse de cette marge.

g.   Crête interne et plus mince.

h.   Sillon entre ces deux crêtes.

f. g.   Endroit où la peau fine de la face se confond dans la conjonctive de la paupière inférieure.

y.   Sillon triangulaire entre les deux paupières et la conjonctive.

k. l. m. n. Conjonctive de la paupière inférieure.

g. k.   Lieu où elle recouvre le cartilage et les glandes sébacées;

k. l.   Où elle adhère par un tissu cellulaire très-gras à la partie inférieure du sphincter des paupières;

l.   Où elle se réfléchit sur elle-même;

n. m.   Où elle embrasse la sclérotique du globe.

y. l.   Bourse inférieure de la conjonctive, c'est-à-dire espace entre ses deux lames, dont l'une recouvre la paupière inférieure et l'autre le globe : cet espace est marqué par une petite ligne, parce que ces lames se touchent.

p.   Tarse inférieur.

q.   Petit espace rhomboïde entre les cils et les marges des paupières.

1. — 11. Muscles de l'œil.

1.2.3. Releveur de la paupière supérieure.

1. Son extrémité postérieure, immobile, tendineuse, qui s'attache au périoste orbitaire.

2. Son extrémité antérieure, mobile, tendineuse, qui s'étend sur le cartilage de la paupière supérieure et se perd dans sa marge.

3. Sa chair, qui ne peut subir d'autre changement que celui que l'on voit dans la figure 2.

4.5.6. Muscle droit supérieur du globe;

4. Son extrémité postérieure, immobile, tendineuse, qui s'attache à la gaîne du nerf optique un peu plus antérieurement que l'extrémité du muscle droit inférieur;

5. Son extrémité antérieure, mobile, tendineuse, qui finit dans la sclérotique vers 28;

6. Sa chair.

7.8.9. Muscle droit inférieur du globe;

7. Son extrémité postérieure, immobile, tendineuse, qui s'attache à la gaîne du nerf optique, un peu plus en arrière que l'extrémité du droit supérieur:

8. Chair de ce muscle;

9. Son extrémité antérieure mobile, qui se termine dans la sclérotique vers *m*.

10. Tendon du muscle oblique supérieur.

11. Chair du muscle oblique inférieur.

12. — 18. *Nerf optique* en forme d'S, et encore en partie couvert de graisse.

12.13. Gaîne du nerf optique, fournie par la dure-mère; 12. lame interne de cette gaîne; 13. sa lame externe.

14. Membrane choroïde du nerf optique, que l'on voit mieux dans la figure 2.

15. Coupe de la substance fibreuse du nerf optique.

IV 13

16. Partie du nerf optique qui traverse le canal osseux au point où elle paraît comme aplatie de haut en bas.

17. Partie cylindrique du nerf optique.

18. Extrémité du nerf optique étranglée et plongée dans la sclérotique.

J'ai profité de l'occasion pour rendre sensibles, dans la figure au trait, la structure fibreuse du nerf optique, le passage de l'artère centrale, et le mode de sa cohésion, entre les membranes de ce nerf et celles du globe.

19. 20. *Vaisseaux sanguins et nerfs de l'œil.*

19. Tronc principal de l'artère ophtalmique.

20. Tronc principal de la veine ophtalmique qui serpente autour du globe (*voyez* la pl. 7, fig. 3; et la pl. 8, fig. 2).

21. Filets de la première branche du nerf de la cinquième paire. Ces nerfs sont vus entiers dans la figure 1, planche 6, *f. g.*

22. 46. *Le globe de l'œil.*

22. 22. Axe du globe.

23. Grand diamètre transversal du globe.

24. 25. 26. La cornée; 24. 24. coupe de la cornée, qui montre sa véritable épaisseur, sa convexité, et le mode de sa jonction avec la sclérotique; 25. 26. 26. espace entre la cornée et la lentille, qui se partage en chambre antérieure 25. et postérieure 26. 26.

24. *t.* et 24. *r.* Double sillon entre la cornée et la sclérotique.

27. 28. 29. La sclérotique; 27. son extrémité antérieure qui semble passer dans la cornée, et qui intérieurement présente un double sillon sur lequel repose solidement l'anneau (32.) gangliforme de la choroïde;

28. partie très-amincie de la sclérotique couverte par les tendons des muscles droits.

30.   Substance noire entre la sclérotique et la choroïde.

31.—31. La choroïde; 32. 33. anneau gangliforme de la choroïde par lequel elle tient fortement à la sclérotique; 32. base ou partie épaisse de cet anneau, qui se termine en s'amincissant vers la cavité de la cornée; 33. sommet de l'anneau; 34. 35. corps ciliaire; 34. extrémité antérieure ou un peu plus épaisse d'un pli; 35. extrémité postérieure de ce même pli, qui se termine en pointe déliée.

34. 39 39. Partie de la choroïde que ne couvre pas la rétine, et qu'on voit à travers l'humeur vitrée.

39. 46. 39. Partie de la choroïde qui d'ordinaire est moins noire dans les globes des adultes.

36. 37. Iris; 36. 36. marge à laquelle l'iris est attachée, et qui ressemble à un prolongement de l'anneau et du corps ciliaire.

37. 26. 26. 27. Marge pupillaire de l'iris formant la moitié de la pupille.

38.   Substance noire entre la choroïde et la rétine.

39. 40. 41. Rétine; 39. 39. son extrémité antérieure indiquée par la ligne 39. 46. — 39. 40. substance médullaire de la rétine.

41.   La choroïde sur laquelle la moëlle est comme étendue.

39. 41. 23. 22. 46. 39. Face interne de la rétine vue à travers l'humeur vitrée.

42. 43. La lentille; 43. 42. sa largeur; 44. 45. son épaisseur; 42. 44. 43. sa convexité antérieure; 42. 45. 43. sa convexité postérieure; 46. 26. capsule de la lentille; 34. 42. distance de la lentille au corps ciliaire.

13.

Figure 2.

Cette figure n'offre pas seulement des différences entre l'œil ouvert et l'œil fermé; elle fait voir encore certaines particularités qui paraissent ici pour la première fois, et qu'on aurait pu représenter dans la figure 1, en en supprimant quelques parties.

Pour que les différences entre l'œil ouvert et l'œil fermé s'aperçoivent plus facilement, j'ai pris la figure 1 pour exemple.

La figure 1 étant connue par une longue explication qui répond en très-grande partie à celle-ci, il était inutile de gâter la 2ᵉ par des lettres, et de lui en joindre une au trait.

Il suffit donc, sans faire usage de caractères alphabétiques, d'expliquer ce que cette figure a de particulier.

D'abord, elle montre distinctement la hauteur des plis de la peau, ceux sur-tout de la paupière supérieure.

Elle fait voir que la peau de cette paupière, retirée en haut, prend de l'épaisseur dans cette situation;

Que les fibres du muscle frontal se gonflent, et deviennent plus courtes et en même temps plus épaisses;

Que la chair ou le ventre du muscle releveur de la paupière supérieure se grossit et se contracte;

Que le cartilage de la paupière supérieure passe sous le pli de la peau et s'introduit en arrière dans l'orbite;

Que la bourse supérieure de la conjonctive est plus courte, que l'inférieure au contraire est plus longue, parce que le globe est situé un peu vers le bas de l'orbite;

Que la marge de la paupière inférieure paraît un peu ouverte.

On aperçoit plus de cils dans cette figure que dans la figure 1, à raison de l'écartement des paupières.

Après avoir enlevé la lentille et la rétine, on voit dans le globe tout le contour de la choroïde, son corps ciliaire, deux grands tourbillons veineux, et la situation horizontale de l'artère ciliaire longue interne. Tous ces vaisseaux ont été dessinés avec le plus grand soin et à l'aide du microscope.

Enfin, j'ai profité de l'occasion pour présenter les lames reployées de la gaîne du nerf optique fournie par la dure-mère, et pour faire voir l'endroit où l'artère centrale de la rétine entre dans ce nerf.

FIN DE LA DESCRIPTION FIGURÉE DE L'ŒIL HUMAIN.

•••

EXPLICATION
DES PLANCHES

QUI REPRÉSENTENT LES MALADIES DES YEUX,

Précédée d'une description abrégée des Instruments destinés à exécuter les opérations qu'elles exigent.

Nota. Ces Planches doivent être examinées dans une position telle que le jour vienne de la gauche du lecteur.

INSTRUMENTS.

PLANCHE 14.

Fig. 1. Aiguille à abaisser la cataracte. C'est celle de Scarpa, que j'ai modifiée, en lui donnant une courbure un peu moins prononcée.

2. Stylet de Méjean, tome I, page 143.

3. Lame du bistouri, ou cératotome de M. de Wenzel, tome I, page 510.

4. Lame de mon bistouri, le même que celui de La Faye, avec mes corrections, *ibid.*

5. Aiguille commune à broder, à laquelle j'ai fait donner une petite courbure près de sa pointe et une autre en sens contraire, cinq ou six lignes plus loin. Le manche doit avoir la longueur et le volume qu'on lui voit ici. Elle est destinée à piquer et à extraire le cristallin lorsqu'il se plonge dans le corps vitré.

6. Pince pour extraire les cils déviés.

7. Lame de mon kystitome vue de profil.

Fig. 8. Kystitome de La Faye.

9. Mon kystitome vu de face, tome I, page 509.

10. Ma lancette à séton.

11. 12. 13. Instrument de M. Guérin corrigé par M. Dumont. Mon ophtalmotome, destiné à emporter la cornée désorganisée avec un cercle de la sclérotique, n'est autre chose que cet instrument dont toutes les parties sont exécutées dans une proportion triple de celle qu'on leur voit ici. La grandeur de l'anneau doit être relative à la grosseur et à la protubérance du globe dont on veut opérer la destruction, tome I, page 325.

14. Stylet d'Anel, tome I, page 143.

15. Stylet destiné à pénétrer dans le conduit nasal après l'incision du sac lacrymal, tome I, page 153.

16. Stylet plus gros destiné au même usage, ainsi que le suivant, *ibid.*

17. Stylet d'une dimension plus forte. La légère courbure que j'ai donnée à ces stylets favorise leur introduction : il me paraît qu'au moyen de cette courbure ils détruisent plus aisément l'obstacle sur lequel on les dirige.

PLANCHE 15.

1. Petite pince, tome III, page 455.

2. Petit tuyau de la seringue d'Anel.

3. Seringue d'Anel, tome I, page 145.

4. Ciseaux courbes sur le côté.

5. Simple fil d'argent ployé de manière à former un anneau allongé destiné à être passé sous la paupière supérieure lorsqu'un corps étranger, non visible, se trouve introduit entre elle et le globe, tome 1, p. 221.

Fig. 6. Curette de Daviel, tome I, page 512.

7. Petite sonde dont la branche la plus courte doit rester dans le sac lacrymal pendant deux ou trois semaines, après la suppression de la sonde longue, qui, par ce moyen, peut être introduite de nouveau, si le conduit nasal se referme, tome I, page 158.

8. La même sonde un peu plus grosse. La branche qui doit entrer dans le sac est plus longue pour pouvoir pénétrer dans cette cavité, lorsqu'un gonflement empêche d'y introduire la plus courte, *ibid.*

9. 10. 11. Chacune de ces trois figures représente la sonde dont je me sers pour tenir le conduit nasal dilaté, après qu'il a été désobstrué par le passage d'un stylet. La sonde fig. 10 est celle qui me suffit le plus ordinairement. Le crochet de ces sondes est aplati, tome III, page 154.

12. 13. 14. Trois sondes, formées, comme les précédentes, d'un simple fil d'argent. Elles ont un crochet plus long que celui des sondes qui viennent d'être décrites. Je place, le jour de l'opération, celle des trois qui peut entrer sans trop de résistance, et je ne la remplace, par la sonde à crochet aplati, que lorsque le gonflement est presque entièrement dissipé, tome III, page 153.

15. Ciseaux courbes sur le côté en sens inverse des premiers.

16. Ciseaux courbes sur le plat.

PLANCHES COLORIÉES.

PLANCHE 16.

N. B. La figure 1 est celle du haut de chaque planche; la figure 2, celle du milieu;
et la figure 3, celle d'en-bas.

Fig. 1. Le stylet de Méjean est introduit de quinze lignes environ par le point lacrymal supérieur. Sa pointe est
arrivée sur le plancher du nez à travers le conduit
nasal, tome I, page 143.

Les cils de la paupière inférieure sont agglutinés par
de la chassie, tome I, page 86.

On aperçoit à travers la pupille que la lentille cristalline a un commencement d'opacité qui annonce le
principe d'une cataracte.

2. Grains de grêle à la marge des deux paupières, tome I,
page 119.

On voit à travers la pupille des petits points d'opacité
sur la capsule du cristallin, *obs.* 423.

3. Le stylet de Méjean, introduit par le point lacrymal
inférieur, a traversé le conduit nasal.

La peau des paupières présente de petites hydatides
ou tumeurs formées par un peu de lymphe extra-
vasée sous l'épiderme, tome I, page 119.

On voit, à travers la pupille, une cataracte plus avan-
cée que celle de la fig. 1.

PLANCHE 17.

1. Orgeolet, vulgairement appelé orgueilleux ou grain
d'orge, à la marge de la paupière supérieure, tome I,
page 117.

IV.   14

Le cristallin opaque forme une protubérance à travers la pupille ; sa capsule touche presque à la face concave de la cornée, *obs.* 435.

La tumeur qu'on voit au petit angle représente un sarcôme qui avait peu de consistance, *obs.* 254 (1).

Fig. 2. OEil d'une petite fille âgée d'un an qui avait, depuis quatre mois, une tumeur fibro-cartilagineuse, rouge et plate : cette tumeur se voyait mieux en relevant la paupière supérieure, à la partie interne de laquelle elle faisait faire le pli qu'on remarque dans la figure. Quatorze mois après, il n'y avait aucun changement, tome II, page 450.

3. Paralysie du muscle releveur de la paupière supérieure et du muscle orbiculaire des paupières (*voy.* ce dernier, pl. 1, fig. 1). La paupière inférieure se trouve renversée en dehors ou éraillée, et les cils de la supérieure sont appliqués sur le globe, tom. I, pag. 477.

Planche 18.

1. Deux loupes à la paupière supérieure, tom. I, pag. 121. Cataracte arborisée, tome I, page 502.

Entropion de la paupière inférieure. Le globe est irrité par les cils de la marge de cette paupière, qui se tourne en dedans, tome I, page 105.

---

(1) Lors de ma dernière visite à la maison royale de Saint-Denis (21 décembre 1817), j'ai vu, à l'œil gauche d'une jeune personne de treize ans, une tumeur du même volume, mais de forme aplatie, d'un blanc-jaunâtre, évidemment formée par de la graisse amassée sous la conjonctive, et située au petit angle ; cette concrétion adipeuse, qui n'est visible que lorsque la cornée est tournée vers le grand angle, ne cause aucune gêne remarquable et n'a pas varié depuis quatre ans.

Fig. 2. Une verrue de forme allongée prend naissance à la
marge de la paupière supérieure, tome I, page 120.
Cataracte complète.

On voit réunies les deux loupes qui étaient aux paupières inférieures de la jeune personne, sujet de l'observation 33.

3. Signe dessiné sur la paupière de M. Del***, qui le por-
tait depuis quarante ans.

Désorganisation de l'iris, du cristallin et d'une portion
des autres parties du globe.

Loupe semblable à celles de la figure précédente, vue
par la face interne de la paupière inférieure, tome I,
page 124.

PLANCHE 19.

1. La pupille a pris une forme à-peu-près ovale par l'effet
d'un coup.

Incision du bord d'une loupe, tome I, page 124.

2. Incision de son autre bord.

Cataracte avec adhérences du bord de l'iris à la capsule
du cristallin. Cet œil est celui de M. le maréchal de
camp P***, sujet de l'obs. 438. Je l'ai dessiné quelques
moments avant l'opération.

3. Cette figure offre le même œil, un mois après l'opération. Un demi-cercle blanc représente la cicatrice de
l'incision qui a donné passage au cristallin. La pupille est devenue plus étroite.

Les lames d'une paire de ciseaux étant introduites dans
les deux incisions faites à une loupe, et qui sont
indiquées par les figures 1 et 2; il suffit de les rap-

procher l'une de l'autre pour en opérer l'excision.
Tumeur lacrymale, tome I, page 140.

PLANCHE 20.

Fig. 1. Glaucôme. La pupille présente une teinte semblable à
celle de l'eau de mer, tome I, page 468.

Les cils de la paupière supérieure ont perdu leur direction naturelle. Ils se tournent vers le globe, tome I,
page 105.

Double rangée inégale de cils sur la marge de la paupière inférieure, tome I, page 110.

La tumeur lacrymale de la figure précédente, pressée
du doigt, se vide par le point lacrymal inférieur,
tome I, page 141.

2. Mydriase, tome I, page 433.

Deux verrues sur la marge de la paupière inférieure,
tome I, page 120.

Tumeur lacrymale. La matière est prête à se faire jour,
tome I, page 141.

3. Glaucôme. Le cristallin a une teinte un peu jaune. La
pupille est irrégulière, tome I, page 470.

La tumeur lacrymale est ouverte, tome I, page 142.

PLANCHE 21.

1. Glaucôme. La teinte jaune du cristallin est plus prononcée.

Ma sonde est à moitié introduite dans le conduit nasal.
On voit mieux la forme aplatie de son crochet que
dans les figures 9, 10 et 11 de la planche 15; tome I,
page 154.

2. La lentille cristalline a passé à travers la pupille et se

trouve entre l'iris et la partie inférieure de la face concave de la cornée, *obs.* 450.

Ma sonde est totalement entrée, tome I, page 154.

Ectropion. Une chair fongueuse a renversé la paupière inférieure, *obs.* 19.

Fig. 3. Parcelle de fer à la face interne de la paupière supérieure, tome I, page 218.

Autre plus petite sur la cornée, à sa partie inférieure interne, *ibid.*

Une moitié de coque de millet appliquée sur la conjonctive, *ibid.*

Tumeur œdémateuse produite par la rupture d'un des petits vaisseaux sacco-palpébraux, ou par celle du petit canal lacrymal inférieur que l'on injectait, à l'aide de la seringue d'Anel, pour combattre une obstruction du conduit nasal, tome II, page 3. Le petit canal lacrymal était dilaté entre le point lacrymal et le sac. On le voit planche 38, figure 3. *Voyez* tome I, page 29.

Planche 22.

1. Ecchymose de la conjonctive. L'œil est représenté dans l'état où il est vers le quatrième jour de ce léger accident, lorsque la teinte jaune du bord de l'ecchymose devient plus sensible, tome I, page 190.

Le cristallin opaque descendu derrière l'iris, tome II, page 212.

2. Tache centrale à la capsule du cristallin, *obs.* 428.

Petit dépôt à la conjonctive, près l'angle externe, tome I, page 187.

3. On en voit deux; l'un à l'angle interne, l'autre à l'angle externe;

La phlegmasie de la conjonctive est plus marquée;

Le cristallin est opaque; son bord seul a conservé de
la transparence. Cette cataracte peut être opérée.

Planche 23.

Fig. 1. Ophtalmie par principe scorbutique. La teinte des vaisseaux est plus violette que rouge, tome I, page 205.

On voit un dépôt en demi-cercle dans l'épaisseur de
la cornée près de son union avec la sclérotique,
tome I, page 277.

2. Trois petits abcès dans la cornée, *ibid.*

3. Trois ulcères, suites d'abcès, tome I, page 282.

Planche 24.

1. Dépôt dans la cornée, tome I, page 279.

2. Dépôt un peu plus saillant, *ibid.*

3. Engorgement superficiel à la cornée chez un enfant,
tome I, page 265.

Planche 25.

1. Deux phlyctènes sur la cornée, tome I, page 276.

2. Trouble de la cornée, tome I, page 265.

3. Vaisseaux variqueux, tome I, page 45.

Planche 26.

1. Ulcère en demi-cercle à la partie supérieure de la cornée, tome I, page 283.

Une sangsue placée à la face interne de la paupière inférieure, tome I, page 234 et 270.

2. Ulcère sur la cornée, tome II, page 356.

3. Ulcère qui occupait la moitié interne de la cornée,
obs. 111.

PLANCHE 27.

Fig. 1. Pupille très-large et irrégulière, tome I, page 470; tome III, page 242.

2. Tache semblable à une couche de poussière blanchâtre, ordinairement accompagnée de beaucoup d'irritation.

3. Chémosis commençant. La pupille est rétrécie par l'exaltation de la sensibilité des membranes enflammées, tome I, page 191.

PLANCHE 28.

1. Tache dans laquelle on suit des vaisseaux sanguins, tome I, page 267, et *obs.* 176.

2. Cette même tache vue à la loupe.

3. Un vaisseau sanguin resté sur la cornée, après la disparition d'une tache, tome II, page 308.

PLANCHE 29.

1. Onyx; commencement d'hypopion, ou épanchement de pus. Un abcès que l'on voit au centre de la cornée, et qui est situé dans son épaisseur, s'est ouvert à l'intérieur, tome I, page 289.

2. Hypopion, tome I, page 286.

3. Hypopion plus considérable.

PLANCHE 30.

1. Abcès dans l'épaisseur de la cornée. Onyx. Déchirure à l'iris, tome I, page 290, et *obs.* 219.

2. Chémosis avec hypopion. La conjonctive forme un bourrelet autour de la cornée. On remarque de la matière

amassée au bas de la chambre antérieure entre l'iris et la cornée, tome I, page 191.

Fig. 3. On voit, à la partie inférieure de la cornée, deux portions de cercle, l'une blanche, l'autre tirant sur le jaune. La première indique une incision faite à cette membrane, et qui a donné issue à la matière d'un hypopion; la seconde, une petite quantité de cette matière qui n'a pas pu sortir, parce qu'elle est située plus bas entre la partie inférieure de la cornée et l'iris. La matière en sortant a laissé une teinte que l'on distingue facilement, *obs.* 217.

PLANCHE 31.

1. La curette, introduite le lendemain à travers cette incision, donne issue à la matière qui s'était amassée de nouveau, *ibid.*

2. Leucoma, tome I, page 265.
 Hydatide ou phlyctène sur la conjonctive, tome I, page 276.

3. Leucoma accompagné d'ophtalmies périodiques.
 Pustule ou abcès sur la conjonctive.

PLANCHE 32.

1. Trouble de la cornée et de la pupille.

2. Myocéphalon. Un abcès a percé la cornée; une petite portion de l'iris sort à travers cette ouverture, et forme une hernie ou procidence. Le tiraillement que cette membrane éprouve a entièrement effacé la pupille, tome I, page 300.

3. Myocéphalon un peu plus petit, vu de profil. On aperçoit distinctement, derrière la cornée, le plan de l'iris.

qui n'est presque point déplacée à sa partie supérieure, mais qui l'est beaucoup à sa partie inférieure. La pupille est allongée; cependant on la voit
aisément, parce que la portion d'iris qui fait saillie
est un peu plus petite que dans la figure précédente,
tome I, page 3oo.

Planche 33.

Fig. 1. Myocéphalon près le bord externe de la cornée, tome I,
    page 3oo.

    Sortie de la choroïde à travers la sclérotique, vers
    l'angle interne.

    La pupille est allongée transversalement.

2. Procidence considérable de l'iris, tome I, page 3oo.

3. Tumeur formée par l'iris et la choroïde, à la suite d'un
    abcès, *ibid.*

Planche 34.

1. Fongus hématode commençant. Lorsqu'il eut soulevé et
    percé la cornée, sa base parut être à la partie inférieure
    de l'iris. Cette tumeur présenta, après avoir été des-
    sinée, quelque analogie avec celle dont il est fait
    mention tome II, page 387.

2. Myocéphalon ou procidence de l'iris à travers la cor-
    née; un ulcère couvrait près des deux tiers inférieurs
    de cette membrane, *obs.* 227.

3. Hernie ou procidence de la membrane de l'humeur
    aqueuse. La cornée a été ulcérée dans ce point, et,
    ses lames ayant été détruites, la membrane séreuse
    a cédé à l'impulsion des humeurs, de derrière en de-

vant, effort dont la continuité est nécessitée par l'action des muscles du globe, *obs.* 224.

PLANCHE 35.

Fig. 1. Il y avait au milieu de la tache ulcérée que l'on voit à la cornée une ouverture fistuleuse qui laissait écouler l'humeur aqueuse. L'œil était mou; il pliait sous le doigt à travers la paupière inférieure. Lorsque l'iris s'engageait dans la petite ouverture, elle formait un bouchon qui s'opposait à la sortie de l'humeur aqueuse, et le globe devenait dur. On voyait la pupille un peu allongée du côté de la fistule de la cornée, et l'iris et la cornée elle-même formaient quelques plis pendant que le doigt pressait le globe, *obs.* 230.

2. Cicatrice au bas de la cornée, à la suite d'une maladie semblable à celle que représente la figure 1.

Petit dépôt ou abcès récemment formé dans la cornée du même œil, entre son bord externe et la marge de la pupille, *obs.* 85.

3. Cicatrice d'un abcès qui avait percé la cornée, *obs.* 167.

PLANCHE 36.

1. Un coup de canif a donné lieu à une procidence de l'iris, auprès du bord interne supérieur de la cornée. On voit la cicatrice. La pupille est allongée vers ce point, *obs.* 269.

Sur le bord de la paupière inférieure, on aperçoit un petit sarcôme. C'est une excroissance de chair qui semble adhérente au fibro-cartilage tarse, tome I, page 127.

2. Adhérence de la marge pupillaire de l'iris à la face

concave de la cornée, avec rétrécissement de la
chambre antérieure. L'iris est entraînée vers la cicatrice de la cornée, et la pupille est allongée.

Fig. 3. Le même œil vu de face, *obs.* 230.
Ulcères sur la marge des paupières, suites de la petite
vérole, *obs.* 28.

PLANCHE 37.

1. Adhérences de la marge pupillaire de l'iris à la capsule
du cristallin, *obs.* 255.

La crête interne de la marge de la paupière inférieure
a été ulcérée et dentelée par les cicatrices subsé-
quentes. Cette paupière a conservé fort peu de cils.
Il n'en est resté que du côté du petit angle, tome I,
page 115.

2. Iritis. Deux abcès dans l'iris, l'un au-dessus de la pupille, l'autre au-dessous, *obs.* 161.

3. Une iritis donna naissance à des petits abcès de la
même nature que ceux représentés par la figure précédente. Lorsque ces abcès furent cicatrisés, on apper-
çut trois pupilles. Par l'effet de nouvelles ophtalmies
internes, ces trois pupilles furent converties en une
seule de forme ovale. La capsule du cristallin prit
une teinte jaune, et le cristallin resta transparent.
Voyez la figure 1 de la planche suivante, et les dernières lignes de la page 294, tome II.

PLANCHE 38.

1. La capsule est opaque et a pris une teinte jaune, à
l'exception de la partie centrale qui présente l'apparence d'une petite fente. Le cristallin est resté trans-

15.

parent. *Voyez* l'explication de la fig. 3 de la planche précédente : on voit quelques traces d'abcès dans la cornée.

Une petite excroissance sort du point lacrymal inférieur, tome II, page 92.

Fig. 2. Après une oblitération longue et presque complète de la pupille, elle se rouvrit en prenant une forme ovale. La capsule parut blanche, à l'exception d'une petite portion de forme longue à son centre, *obs.* 174.

Toute la face externe de la paupière inférieure et la portion de la face externe de la paupière supérieure qui avoisine les cils sont devenues jaunes; affection extrêmement rare du tissu cutané de ces parties, tome I, page 89.

3. Tache centrale depuis l'âge de cinq ans. L'autre œil était atrophié, *obs.* 197 (1).

Le petit canal lacrymal de la paupière inférieure est dilaté entre le point lacrymal et le sac. *Voy.* tome II, page 1; et la fig. 3, pl. 21.

PLANCHE 39.

1. La pupille est irrégulièrement rétrécie. Le cristallin est opaque, ainsi que sa capsule, à laquelle la face postérieure de l'iris est adhérente, tome I, page 350.

Phlegmasie de la marge des paupières, tome I, page 88.

2. Synizesis, ou rétrécissement de la pupille, tome I, page 350.

Ptérygion membraneux au grand angle, tome II, p. 447.

---

(1) Malgré la largeur de cette tache, la vue fut assez bonne jusqu'à la mort de la malade.

Ptérygion graisseux au petit angle, *ibid.*

Fig. 3. Barres à la capsule du cristallin, *obs.* 157.

Cette figure présente encore sur un autre malade les débris de la capsule du cristallin, après son extraction. La ligne blanche demi-circulaire indique la cicatrice de l'incision faite à la cornée, *obs.* 428.

Tumeur blanche, molle, et comme cartilagineuse, placée moitié sur la cornée et moitié sur la conjonctive, *obs.* 253.

PLANCHE 40.

1. Ptérygion, tome I, page 342.
2. Ptérygion plus avancé, *ibid.*
3. Un ptérygion a été enlevé. Il s'est formé après l'opération une petite tumeur de forme ronde, tome II, page 449.

PLANCHE 41.

1. Excroissance membraneuse de la nature de celles dont il est fait mention, tome I, page 346.
2. Excroissance charnue sur la conjonctive et la cornée, tome I, page 349.
3. Ophtalmie bourgeonnée, *obs.* 67.

PLANCHE 42.

1. Excroissance cancéreuse, tome I, page 491.
2. Trouble léger à la cornée. Nuage dans la pupille.
3. Pendant l'opération de la cataracte, le cristallin déchira l'iris, et sortit par cette plaie, en laissant une pupille artificielle, *obs.* 461.

Planche 43.

Fig. 1. Une cataracte adhérente, au lieu de sortir par la pupille resserrée, sortit en détachant l'iris de la sclérotique. Il resta une pupille, en forme de croissant,
qui a très-bien servi à la malade, l'autre œil étant
nul pour la vision, tome III, page 429.

La ligne blanche demi-circulaire et celles que l'on voit
à la cornée dans les onze figures suivantes, désignent
des cicatrices d'incisions pratiquées à cette membrane.

2. Opération de pupille artificielle, après l'occlusion de la
pupille naturelle, *obs.* 459.

3. Opération de pupille artificielle après le rétrécissement
de la pupille naturelle, *obs.* 466.

Planche 44.

1. Pupille artificielle ouverte dans une fausse membrane
blanche qui avait remplacé une portion de l'iris, à
la suite d'un coup, *obs.* 468.

2 *et* 3. Opérations de pupille artificielle. *Voyez*, pour
ces deux figures, l'*obs.* 460.

Planche 45.

1. Cataracte adhérente qui n'a pu sortir que par une incision faite à l'iris, *obs.* 463.

2. Opération de pupille artificielle faite à ce même œil,
onze mois après, *ibid.*

3. Autre opération de pupille artificielle, *obs.* 464.

PLANCHE 46.

Fig. 1. Premier œil auquel on ait ouvert une pupille artificielle auprès de la sclérotique, la cornée étant devenue opaque et désorganisée dans les quatre cinquièmes de son étendue, et la chambre antérieure n'existant plus, *obs.* 458.

2. Opération d'une cataracte compliquée, *obs.* 465.

3. Pupille allongée par une adhérence de l'iris à la cornée, et obstruée, tant par les débris (devenus opaques) de la capsule du cristallin qui a été extrait, que par une exsudation lymphatique de la marge pupillaire de l'iris, *obs.* 462.

PLANCHE 47.

1. OEil gauche du même sujet, dans un état à-peu-près semblable, *ibid.*

2. Suite d'une opération de la cataracte par extraction, *obs.* 467.

3. Opération de pupille artificielle, *ibid.*

PLANCHE 48.

1. Le cristallin a été extrait. Un vaisseau sanguin se contourne sur la capsule devenue opaque, et de-là passe sur l'iris, pour se perdre à son bord externe, *obs.* 168.

2. Blessure à la cornée, suivie de cataracte. Incision pour extraire le cristallin. La capsule a été ouverte; mais le cristallin est resté en place et a fondu insensiblement. La vue a été rétablie, *obs.* 441.

3. Pupille ovale, effet d'une contusion, tome I, page 355.

Un petit dépôt survenu dans le canal lacrymal, près le point lacrymal, *obs.* 39.

PLANCHE 49.

Fig. 1. Épanchement de sang dans la chambre antérieure. La pupille était rétrécie, trouble; la vue était nulle, *obs.* 147.

2. Ecchymose passagère à l'iris par l'effet d'un coup de fouet, *obs.* 295.

3. Effusion de sang au-devant de l'iris, par l'effet d'un coup.

PLANCHE 50.

1. Déchirure de l'iris par un coup de pierre, sans rupture de la cornée. Le tissu de la conjonctive et celui de la sclérotique ayant été excoriés, il se forma une protubérance à laquelle la choroïde donnait une teinte bleuâtre. La pupille a disparu, *obs.* 279.

2. Cristallin déchatonné par un coup, depuis deux mois. Il a déja diminué de volume.

3. Cristallin déchatonné par un coup depuis peu de jours; il passe à travers la pupille qu'il rend verticalement ovale.

PLANCHE 51.

1. Le cristallin déchatonné par l'effet d'un coup et devenu opaque, a pris une teinte un peu jaune, et passe par la pupille allongée verticalement.

2. On voit le cristallin devenu opaque et couché horizontalement : il a été déchatonné par un coup de pierre qui détruisit en même temps l'iris à sa partie inférieure interne, *obs.* 280.

Fig. 3. OEil gauche de M. B***. La moitié inférieure interne de
l'iris manque, de naissance. On voit le bord du cristallin qui commence à devenir opaque. C'est peut-
être la seule observation que l'on ait recueillie d'une
cataracte qui présentait, à son commencement, un
semblable aspect, *obs.* 277.

PLANCHE 52.

1. Le cristallin est jaune. L'œil a été frappé par un grain
de plomb trente ans auparavant. Une espèce de pupille artificielle s'est formée près du bord externe
de l'iris vers le grand angle. On voit un petit vaisseau qui se ramifie dans une très-petite tache sur le
bord de la cornée, vers sa partie inférieure, *obs.* 298.

2. Protubérance de la sclérotique, taches sur la cornée,
dilatation de la pupille; effets d'un coup de fleuret,
obs. 289.

3. Cornée piquée par une pointe aiguë, mais non entièrement traversée. Vive phlegmasie, nuage autour de
la piqûre, et allongement passager de la pupille vers
ce point, *obs.* 296.

PLANCHE 53.

1. Cornée ouverte transversalement par un coup de couteau. Le cristallin, qui avait été entamé, devint opaque; au moment de la blessure une déchirure a
produit une pupille artificielle dans la partie latérale externe et supérieure de l'iris, *obs.* 273.

2. Un coup de couteau ayant divisé la cornée, entamé
l'iris, et blessé la capsule du cristallin, il fut décha-

tonné, et, peu d'instants après la blessure, on le trouva
engagé entre les lèvres de la plaie, *obs.* 274 et 275.

Fig. 3. Cristallin enchâssé dans la pupille par une cause semblable. Il avait contracté des adhérences avec la
marge de l'iris, et, comme cette membrane était
adhérente à la cicatrice de la blessure, il ne put
tomber au bas de la chambre antérieure rétrécie,
obs. 266.

PLANCHE 54.

1. Blessure à la cornée qui en a été excoriée transversalement.
2. Un éclat de bois a pénétré dans la sclérotique, vers le
petit angle, et de-là dans l'hémisphère postérieur du
cristallin devenu opaque et protubérant dans la
chambre antérieure, *obs.* 283.
3. Cornée et sclérotique ouvertes par l'effet d'une chûte,
obs. 278.

PLANCHE 55.

1. Exophtalmie par congestion, suite d'une chûte de che-
val, *obs.* 404.
2. Blessure à la sclérotique, *obs.* 284.
3. Trés-petite tumeur sanguine sur la cornée, effet d'un
coup, *obs.* 276.

PLANCHE 56.

1. Abcès dans le tissu adipeux de l'orbite : *il a fait faire
au globe une saillie, et s'est fait jour au-dehors, en
perçant le tissu cutané, au-devant du sac lacrymal.*
tome I, page 93.

Fig. 2. Un grain de plomb, après avoir sillonné la conjonctive,
est sorti derrière la commissure externe des paupières, *obs.* 3oo.

3. Un grain de plomb a pénétré dans le globe : on le voit
entre la cornée et l'iris ; la cicatrice de la plaie qu'il
a faite est visible auprès de la cornée, *obs.* 3o1.

PLANCHE 57.

1. Cornée qui a pris une forme conique, en conservant
presque toute sa transparence, tome I, page 316.

2. Bandage compressif, tome I, page 321.

3. Staphylôme de la cornée, tome I, page 322.

PLANCHE 58.

1. Staphylôme partiel de la cornée. OEil de M. C***,
tome II, page 395.

2. Le même œil dessiné de profil, après l'accroissement
du staphylôme, *voy.* tome III, page 466.

3. Protubérance de la moitié inférieure de la cornée.

PLANCHE 59.

1. Double staphylôme de la cornée, tome I, page 314.

2. Opération faite à la cornée d'un œil staphylomateux,
obs. 234.

3. La cornée, inégalement protubérante et augmentée de
volume, conserve à-peu-près toute sa transparence,
obs. 233.

PLANCHE 60.

1. Staphylôme de la cornée, à la suite de l'ophtalmie d'É-
gypte.

Fig. 2. Staphylôme de la cornée, tome I, page 310.

3. Staphylôme de la cornée plus marqué.

PLANCHE 61.

1. Protubérance de la cornée, suite d'une brûlure, tome II, pages 234 et 396.

2. OEil à demi atrophié, qui a conservé la vue à un certain degré.

3. Cornée qui, malgré une saillie et une largeur considérables, a conservé sa transparence, tome I, page 336.

PLANCHE 62.

1. Hydrophtalmie. Le contour des paupières, déja considérablement élargi par la maladie, a été encore agrandi dans le dessin, pour laisser voir le volume acquis par le globe et la distribution des vaisseaux variqueux sur sa surface. Il ne restait presque aucune trace de la cornée, tome I, page 313.

2. OEil d'un volume excessif. Ce vice organique est de naissance; il est commun aux deux yeux. On voit sur la cornée du droit une tache en demi-cercle vers le haut de la cornée, et une autre presque centrale qui couvre une partie de la pupille. Cette ouverture s'était rétrécie à la suite d'ophtalmies internes; elle a été élargie par l'instillation d'une solution aqueuse d'extrait de belladone, tome I, page 337.

3. Cicatrice sur la cornée depuis l'âge de six mois. Vingt ans après, deux protubérances de la sclérotique, au-

dessous de la cornée, réunies assez promptement en une seule, tome II, page 436 (1).

Le tissu cutané de la paupière supérieure étant devenu trop long, une portion doit en être retranchée d'un coup de ciseaux.

PLANCHE 63.

Fig. 1. Plusieurs protubérances de la sclérotique, en forme de bourrelet, autour de la cornée, *obs.* 240.

2. Iritis, ou inflammation de l'iris de l'œil droit.

3. Maladie semblable à l'œil gauche du même sujet, *obs.* 256.

PLANCHE 64.

1. Pupille naturellement très-excentrique. Les deux yeux étaient semblables : la vue était bonne.

Cercle d'un blanc-bleuâtre, visible sur le bord de la cornée des vieillards, tome I, pages 47, 273.

Encanthis, ou tuméfaction de la caroncule lacrymale sur laquelle on voit des poils, tome I, page 24.

Deux cils déviés poussent sur la marge de la paupière inférieure, en se dirigeant vers le globe, tome II, page 226.

2. Mon ophtalmotome prêt à emporter la partie antérieure saillante du globe, tome I, page 326.

3. Dilatation de la sclérotique à sa partie inférieure-externe, tome I, page 330.

---

(1) Depuis que le tome II est imprimé, une vive ophtalmie ayant accru rapidement la tumeur, M. Dumont a procuré la fonte du globe par une opération dont il a bien voulu me rendre compte.

On voit, au-dessus du globe, le muscle releveur de la
paupière supérieure, et le droit supérieur; au-dessous,
le muscle droit inférieur est un peu écarté pour
laisser voir la tumeur.

PLANCHE 65.

Fig. 1. Filaments, globules, corpuscules transparents et mo-
biles, que certaines personnes voient voltiger : ils
sont représentés vus à la distance d'un pied, sur une
feuille de papier blanc exposée au soleil.

2. Les mêmes fantômes ou filaments voltigeants, vus à la
distance de trois pieds, sur la même feuille de papier,
ou en plein air.

3. Fragment du filament *a* de la figure 2, vu au soleil
sur un mur blanc, à une distance de vingt pieds,
tome III, page 409.

FIN DU TOME QUATRIÈME ET DERNIER.

1

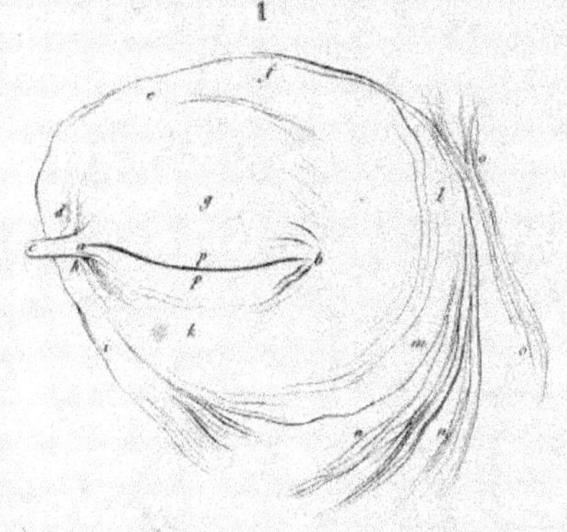

2

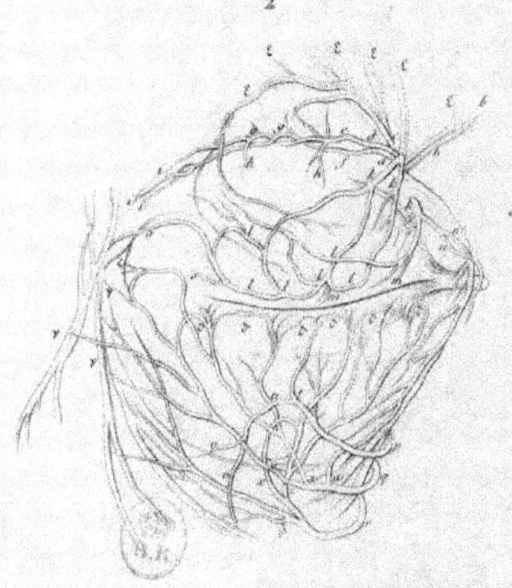

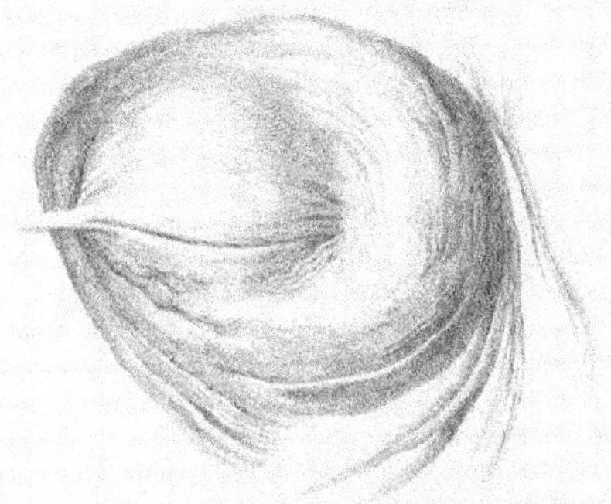

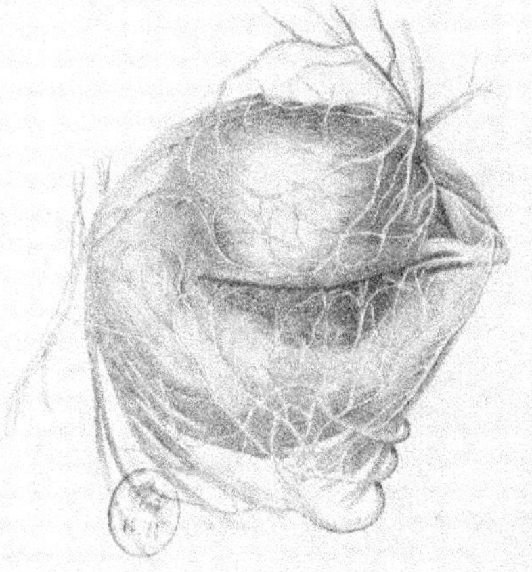

Mougeot sc.

1

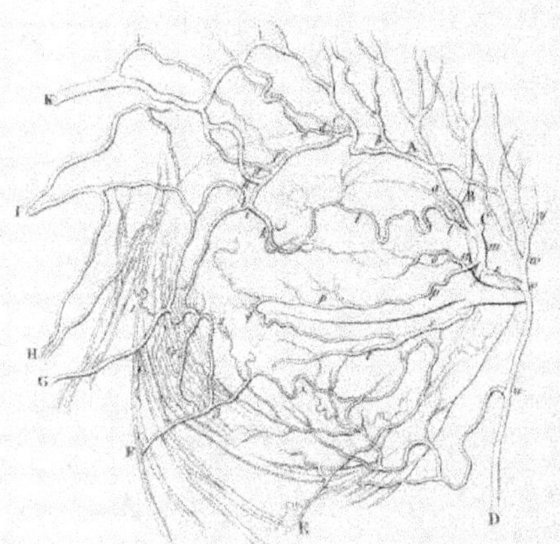

2

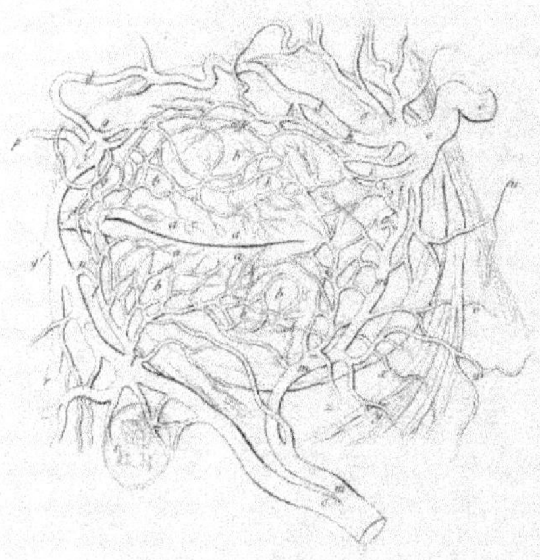

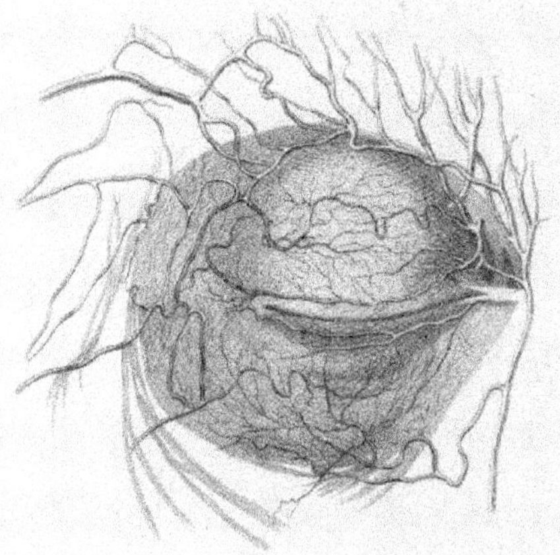

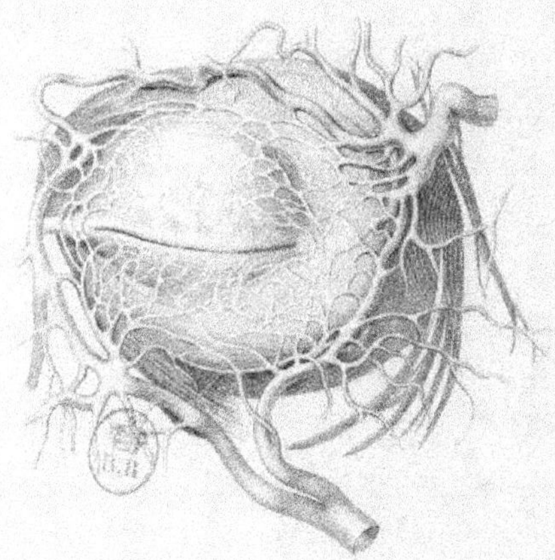

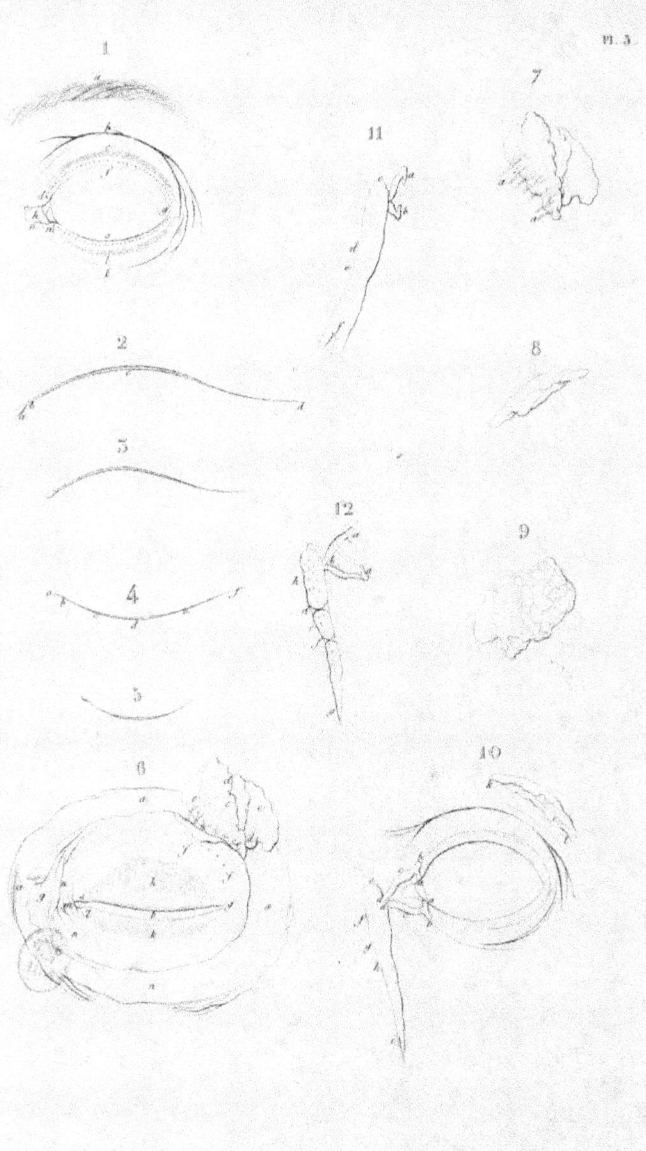

Pl. 3
1
2
3
4
5
6
7
8
9
10
11
12

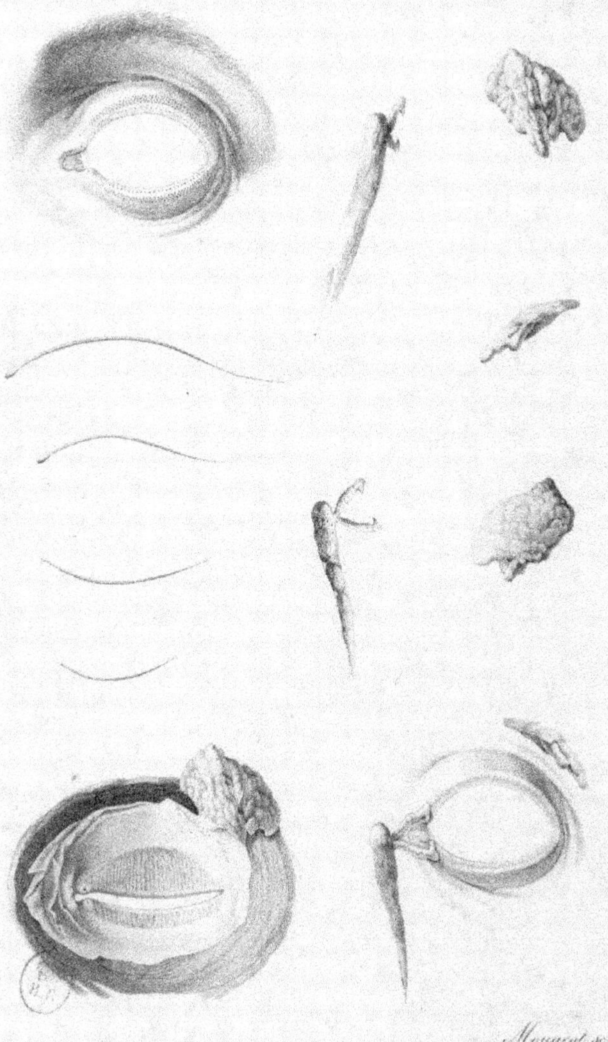

Mougeot sc.

1

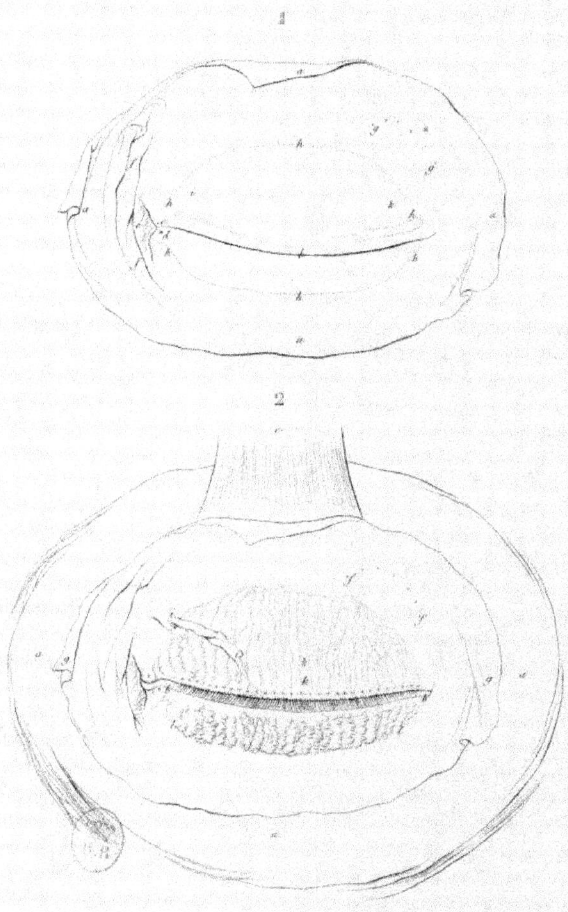

2

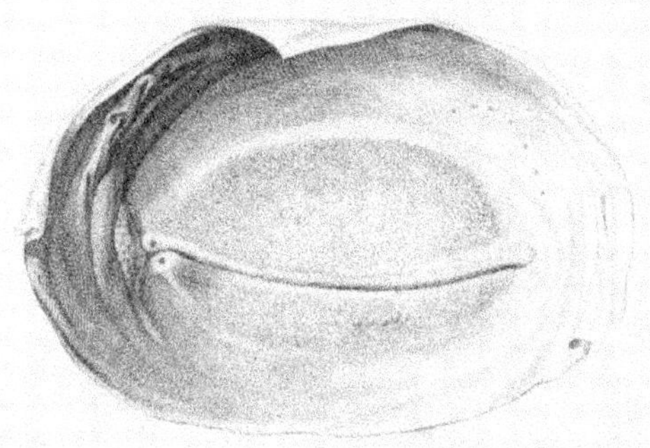

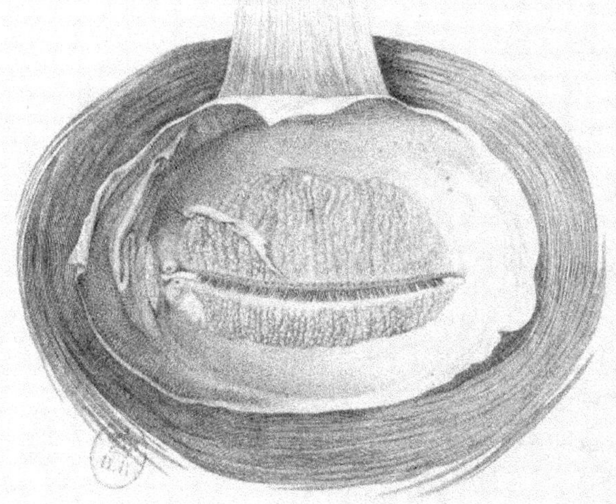

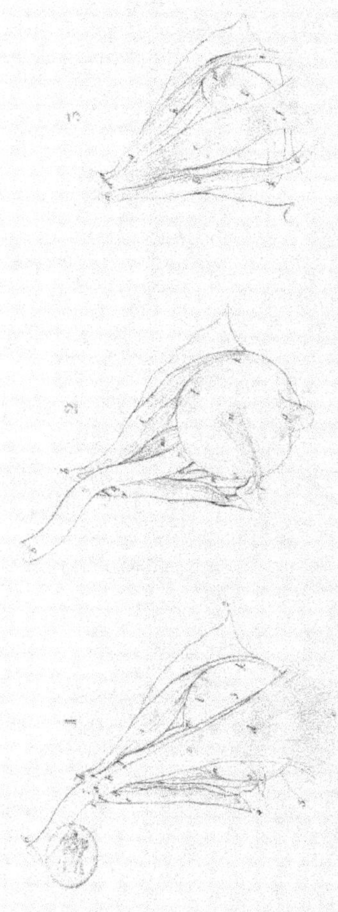

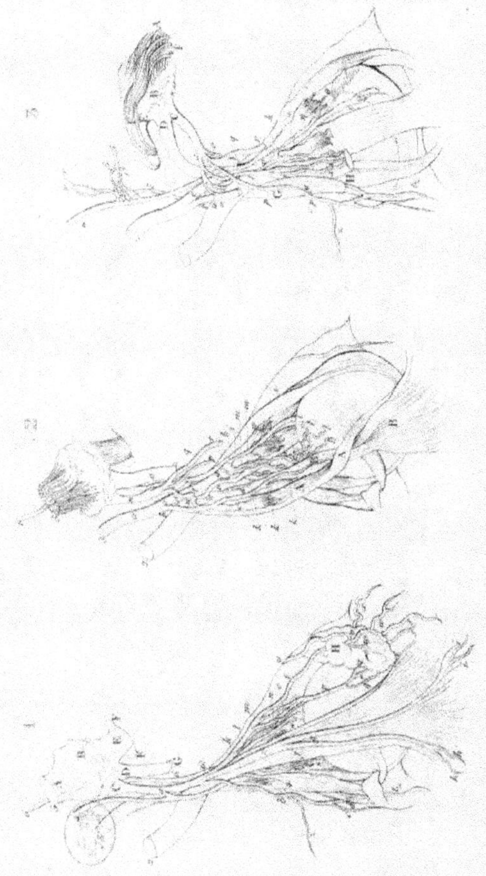

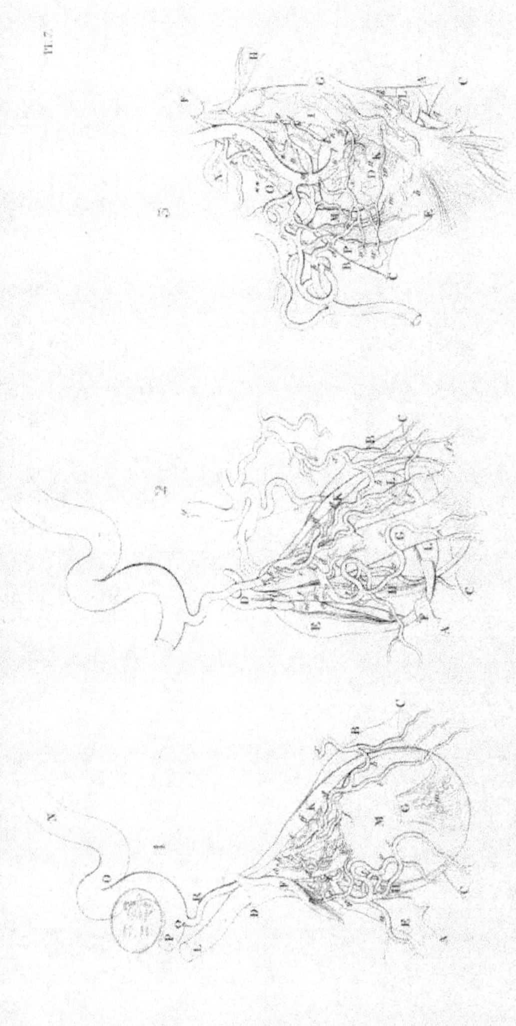

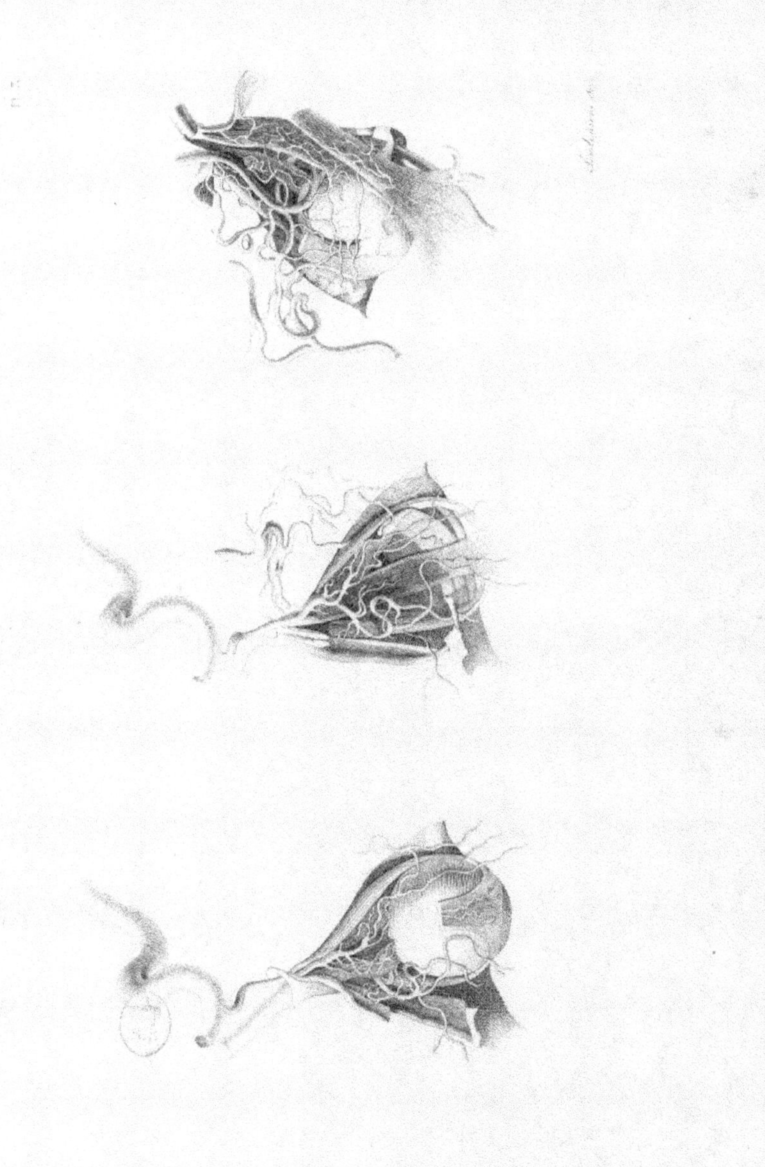

Pl. 8.
1
2

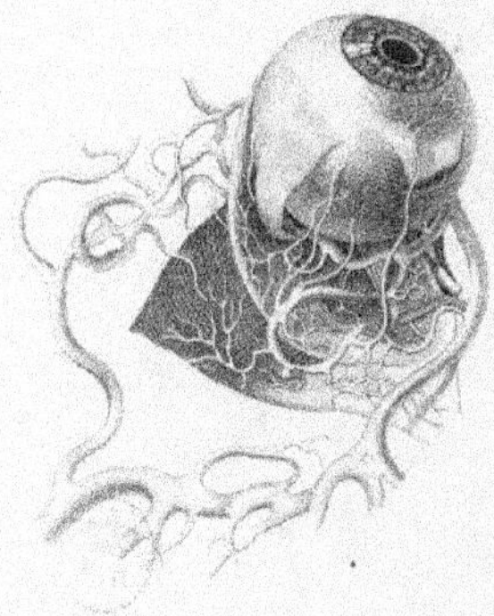

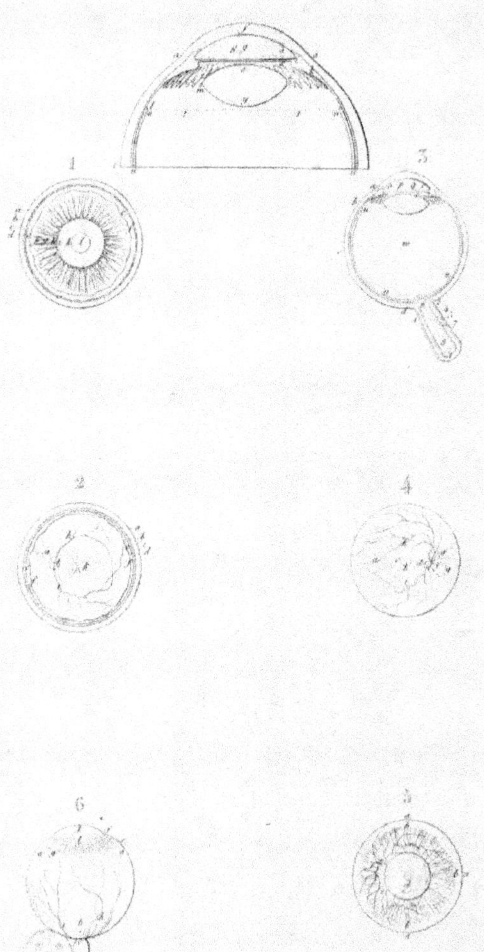

1
3
2
4
6
5

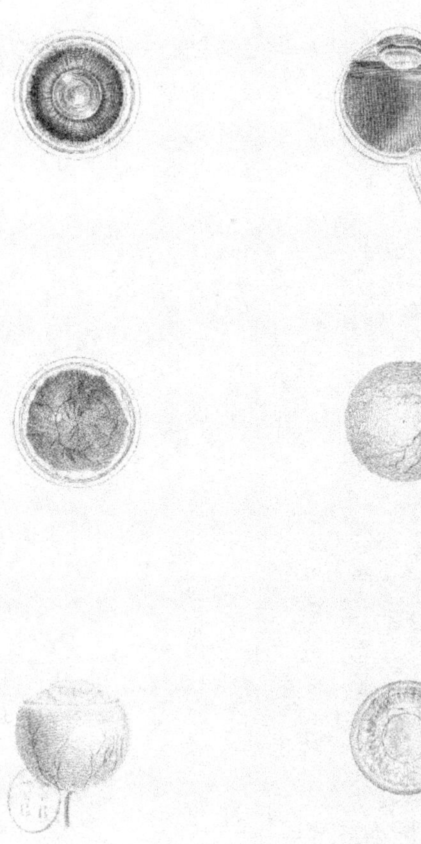

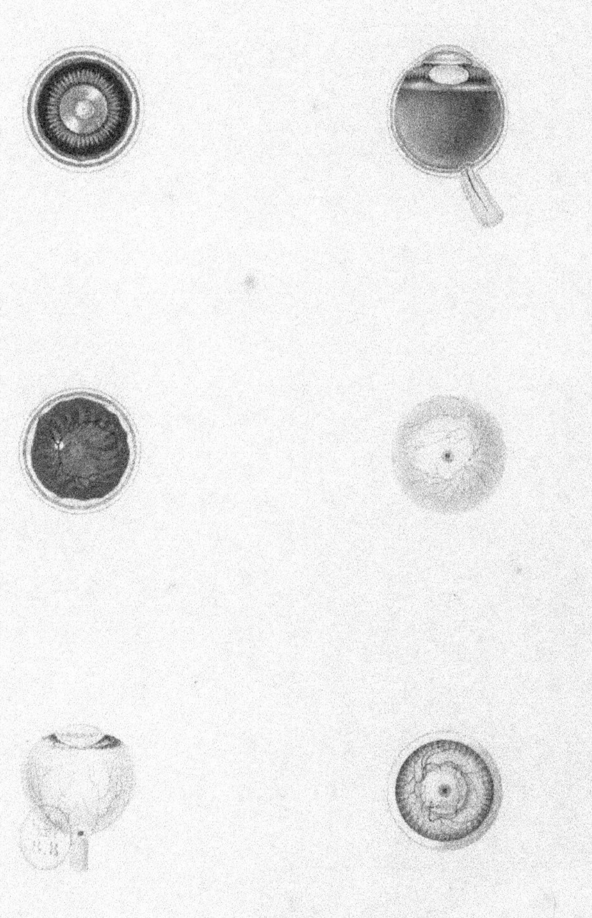

Pinel sc.

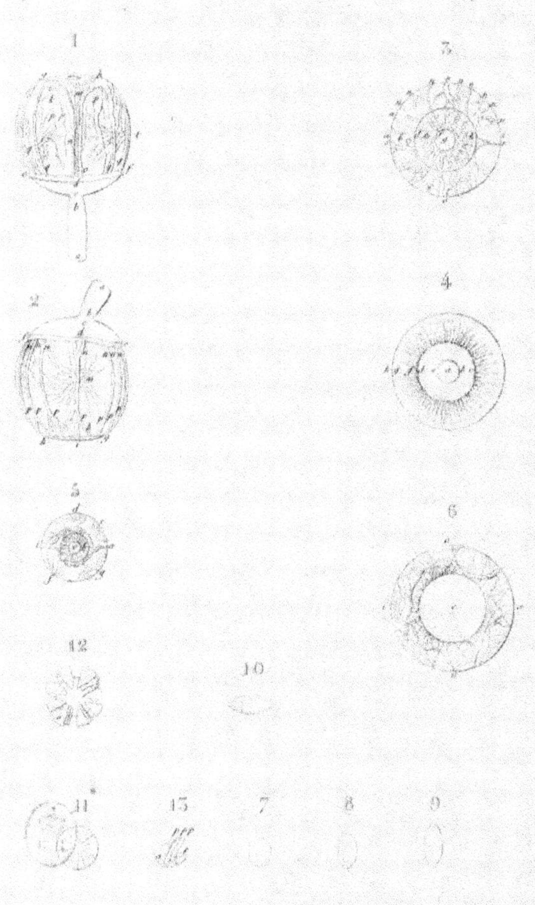
1
3
2
4
5
6
12
10
11
13
7
8
9

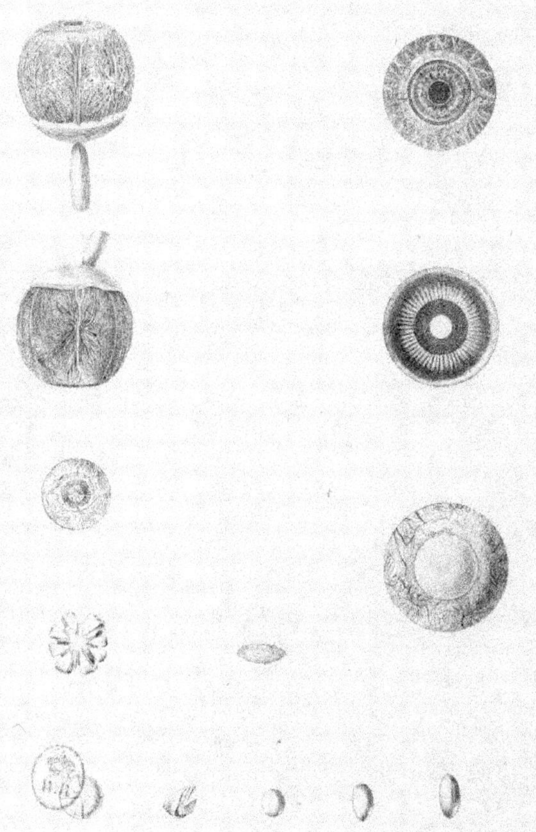

Mouquet sc.

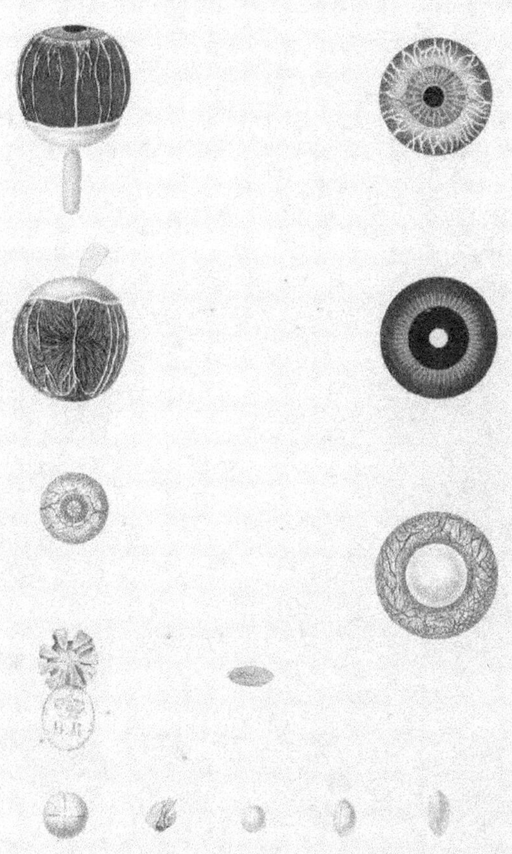

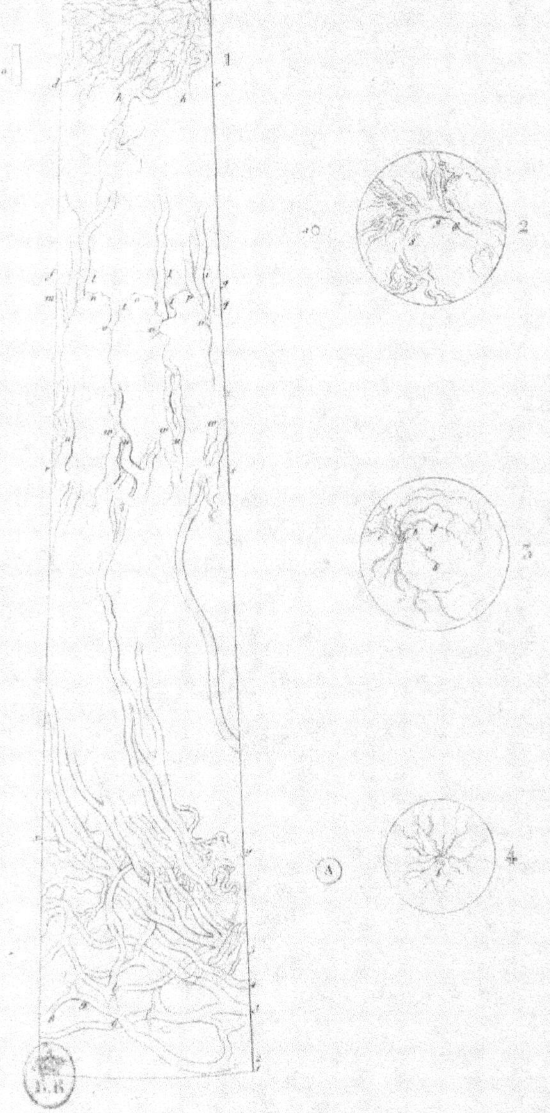
Pl. II.
1
2
3
4
A

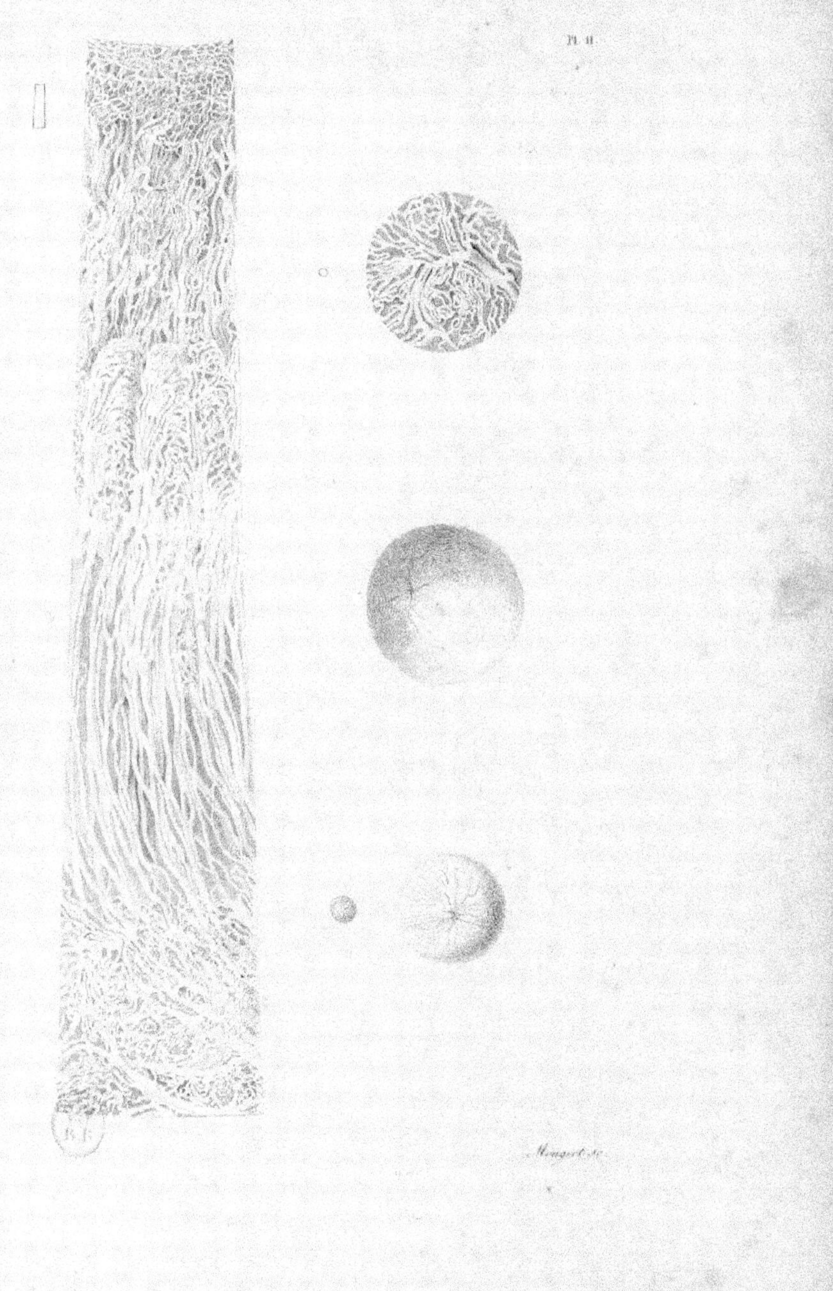

Mougeot sc.

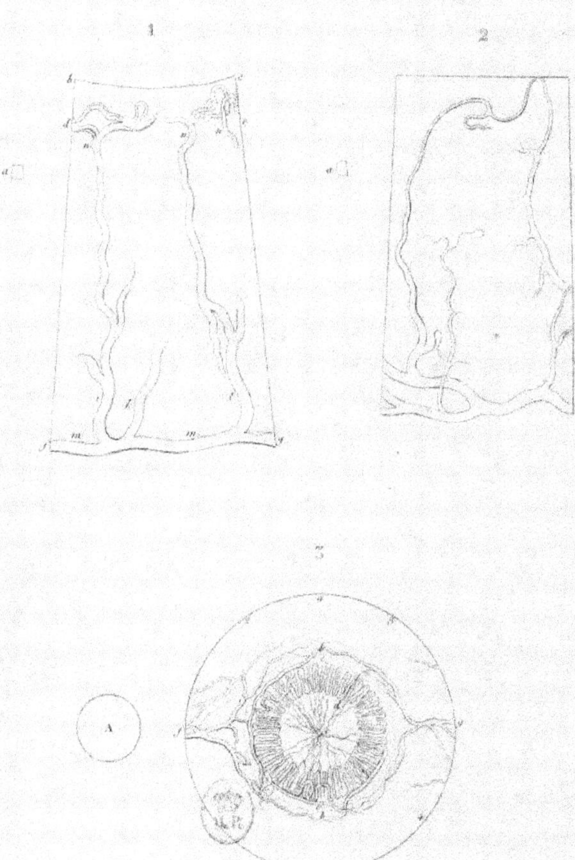

1
2
3

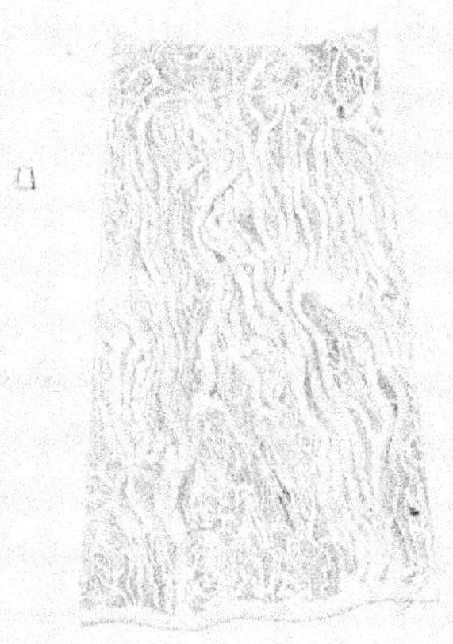

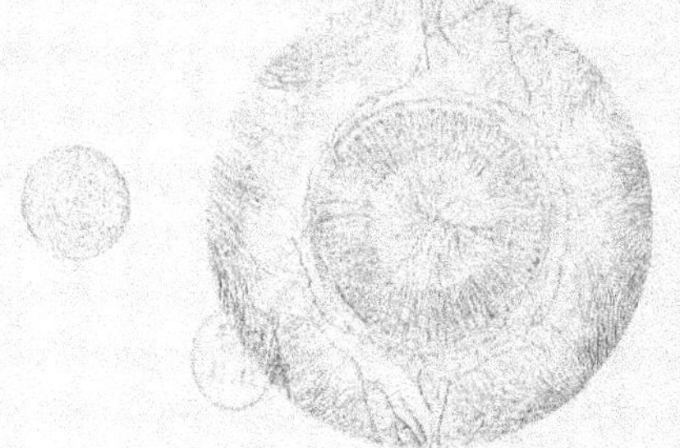

Marguerite.

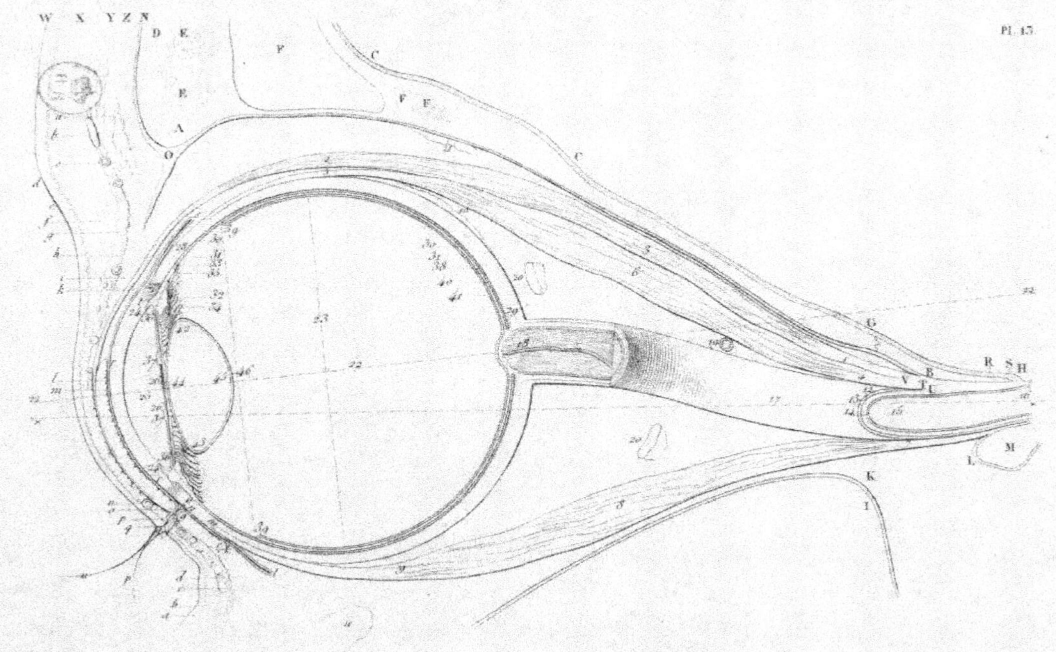

Pl. 13
W X YZN
D E
F
C
E
F F
A
O
C
R S H
V L
B
G
M
K
I

1.

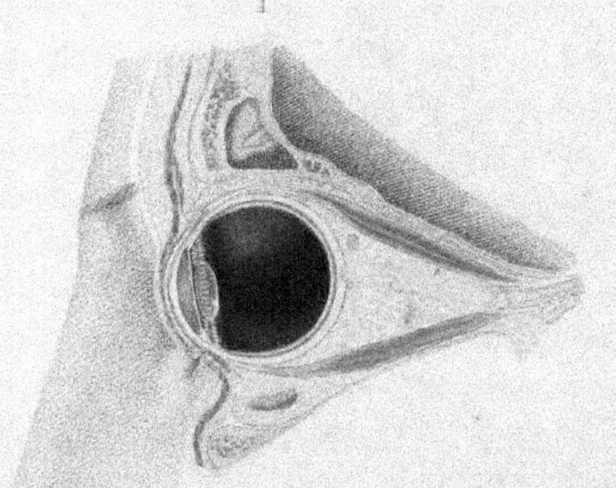

2.

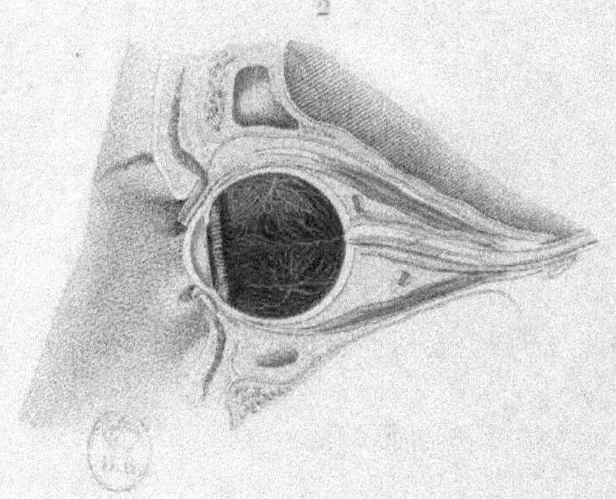

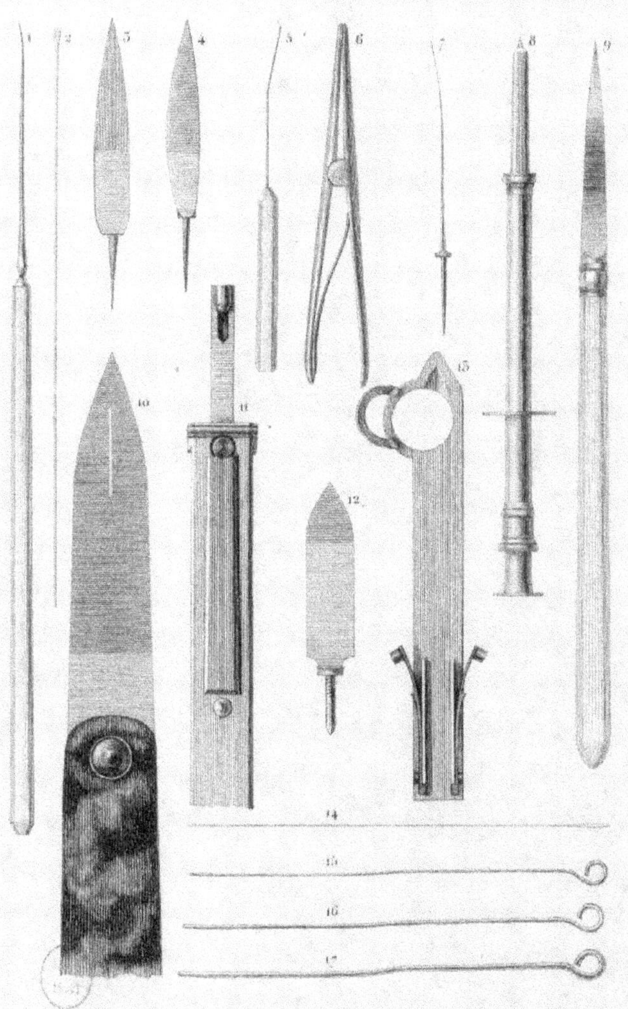

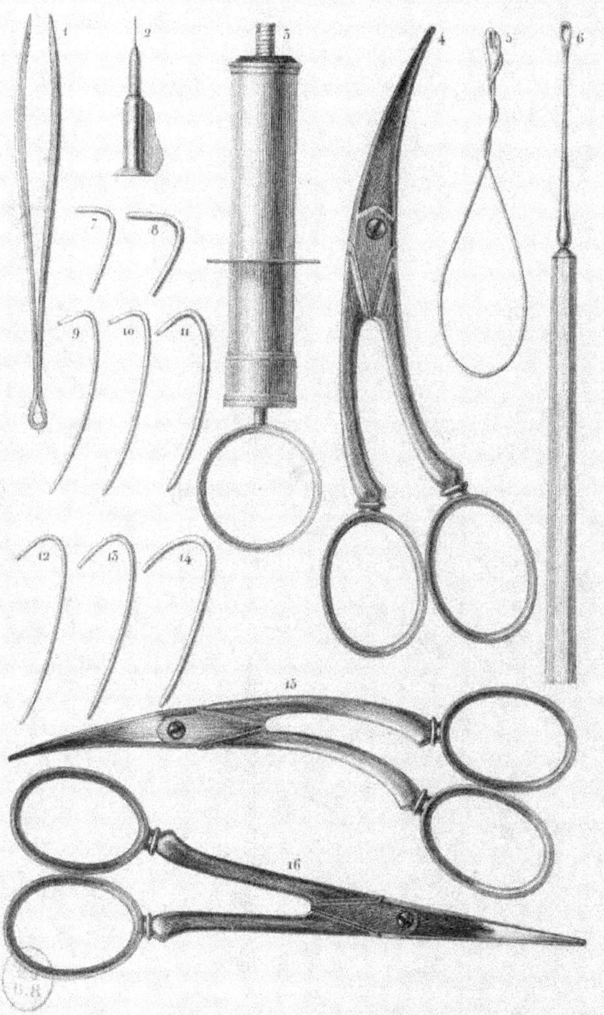

Pl. 15.
Jardeniers sc

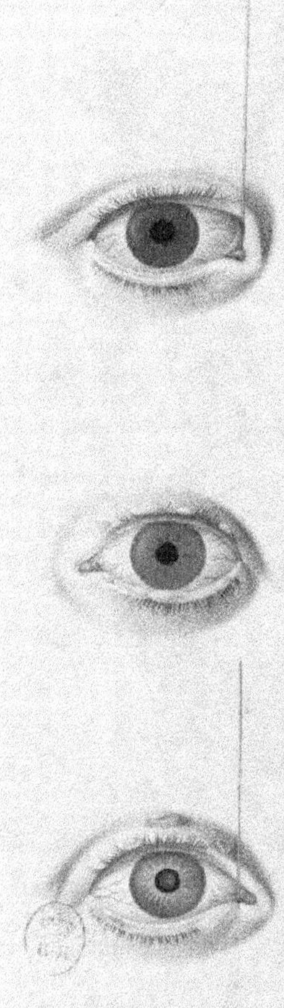

Laguiche pinx.t et direx.t   Langlois imp.t   Seb.en Lefevre sc.

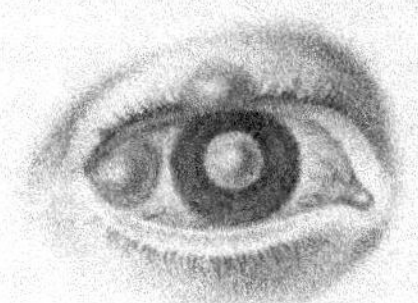

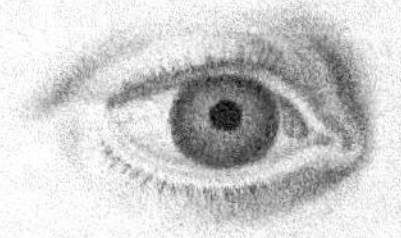

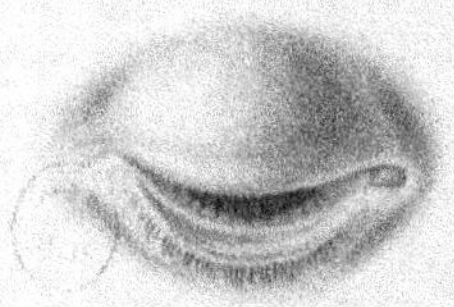
Laguiche pinx.t et direx.t   Langlois imp.t   Prud'hon sc.

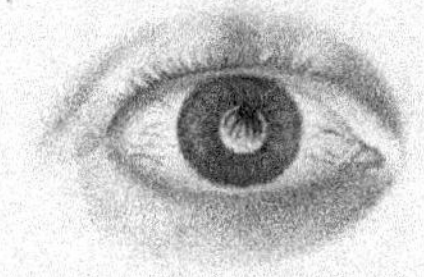

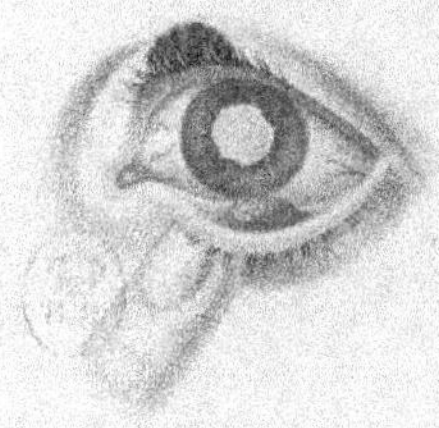

Laqueche pinx.t et direx.t   Langlois imp.t   Prud'hon sc.

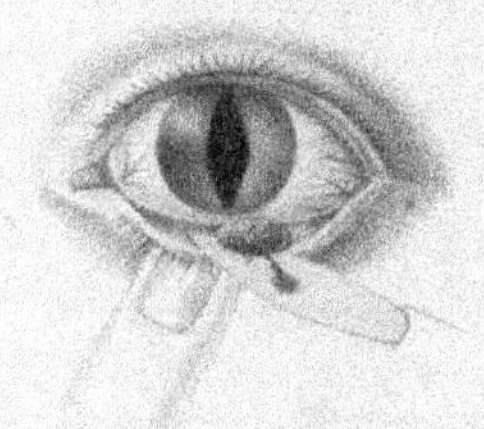

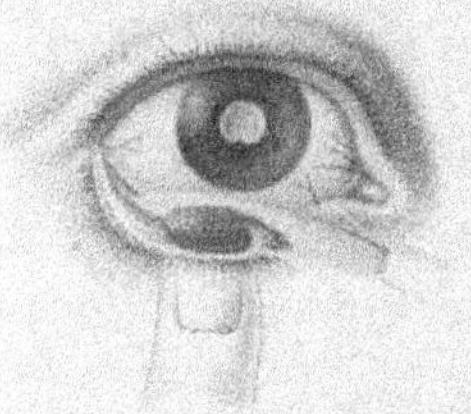

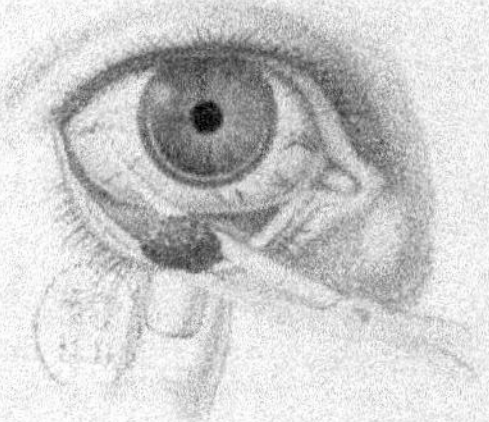

Laguerre pinx.t et direx.t   Langlois imp.t   Lambert sc.

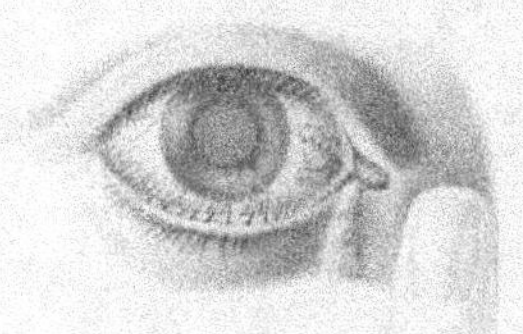

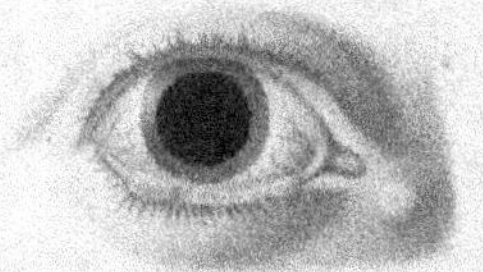

Laquiche pinx.t et direx.t   Langlois imp.t   Lambert sc.

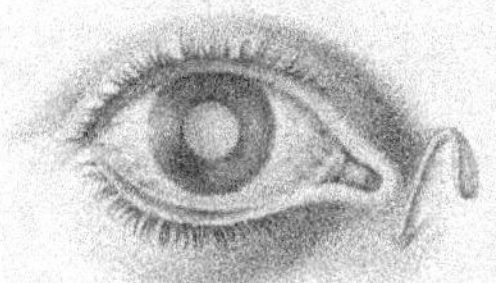

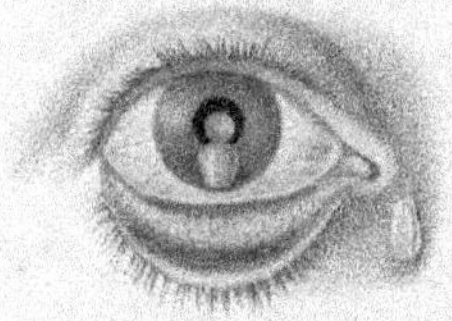

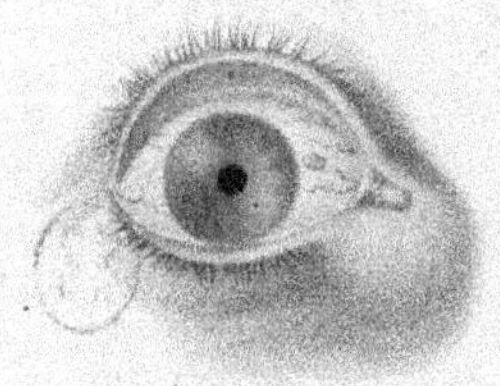

Laguiche pinx.t et direx.t   L'anglois imp.t   Lambert sc.

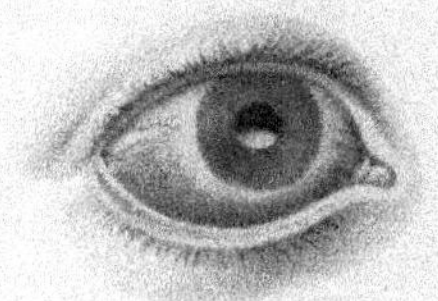

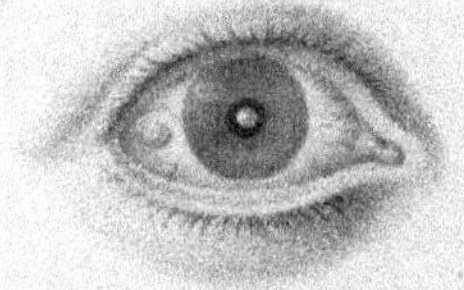

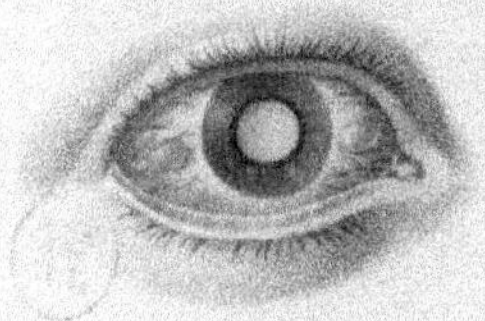

Laguiche pinx.t et direx.t   Langlois imp.r   Lambert sc

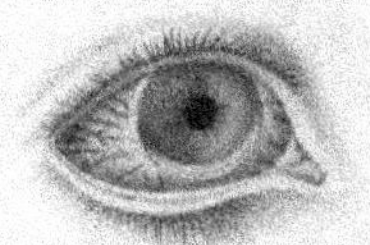

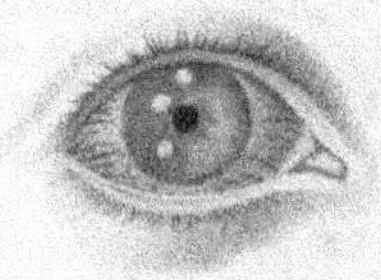

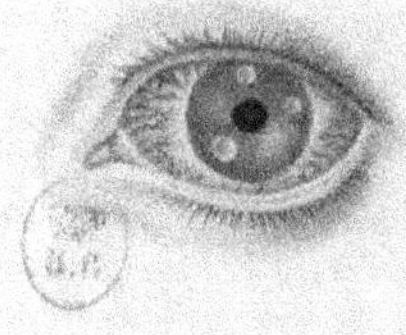

Lagache pinx.t et direx.t   L'Anglais imp.t   Lambert sc.

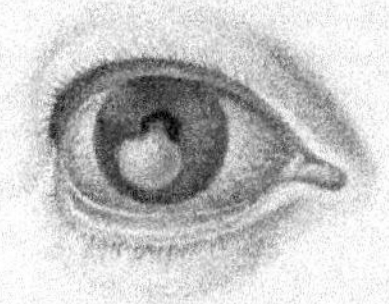

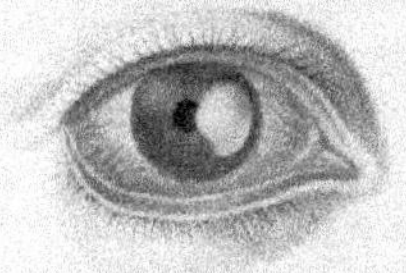

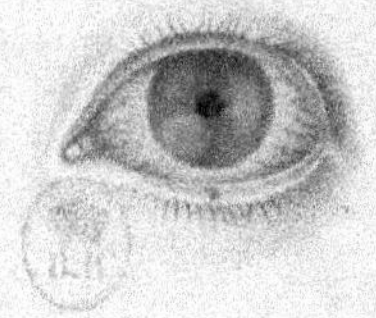

Laguiche pinx.t et direx.t — Langlois imp.t — Lambert sc.

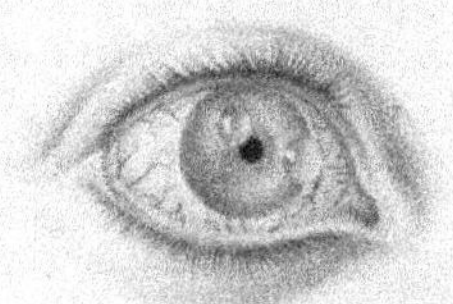

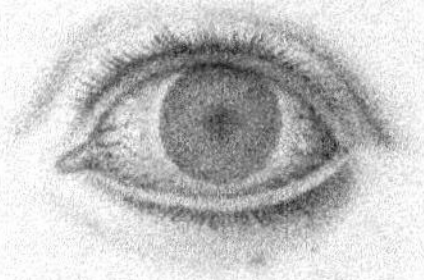

Laguiche pinx.t et direx.t   Langlois imp.t   Lambert sc.

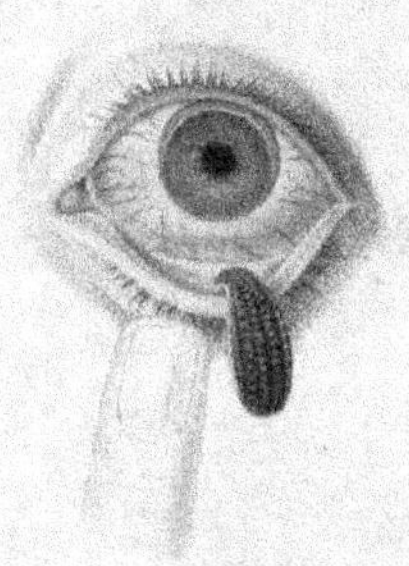

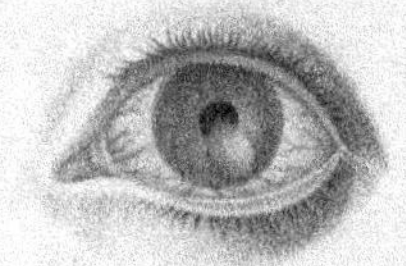

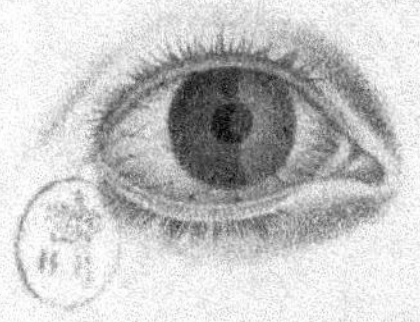

Laguiche pinx.t et direx.t   Langlumé imp.t   Lambert sc.

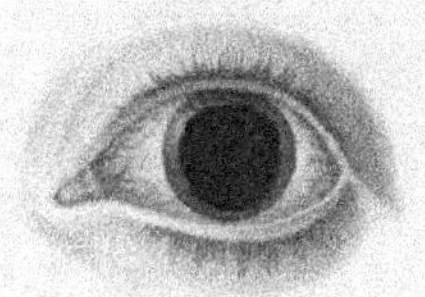

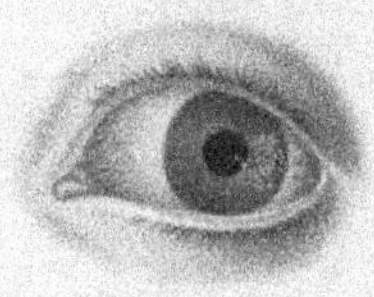

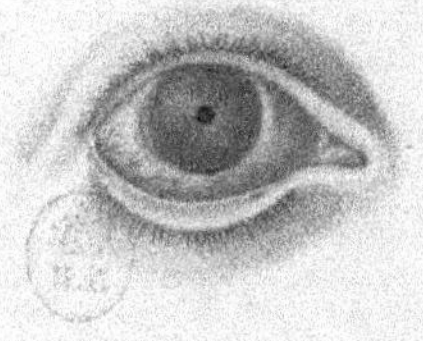

Lagouche pinx.t et direx.t   _Langlois imp.t_   _Lambert sc._

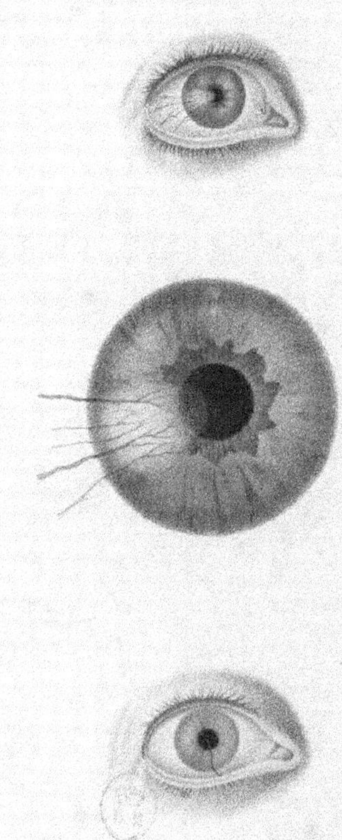

Laguiche pinx.t et direx.t   Langlumé imp.t   Pinel'hior sc.

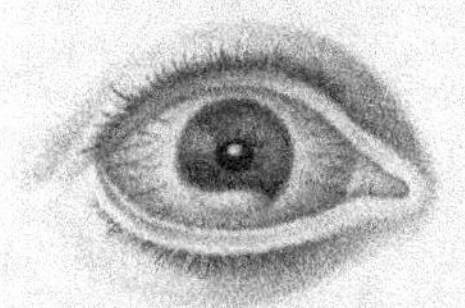

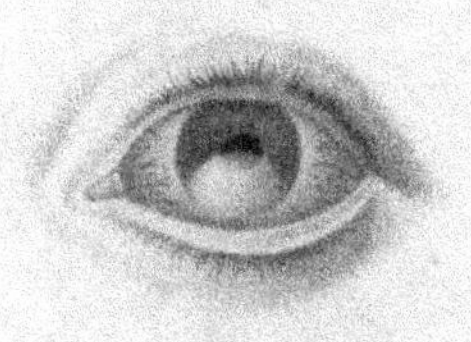

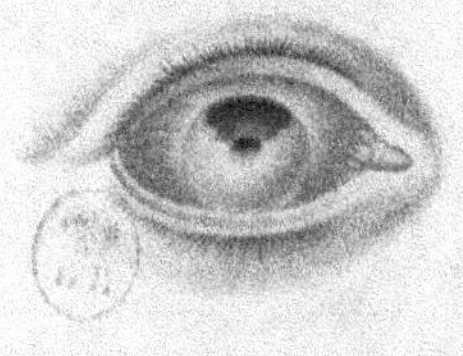

Laquiche pinx.t et direx.t   Langlois imp.   Paul hier sc.

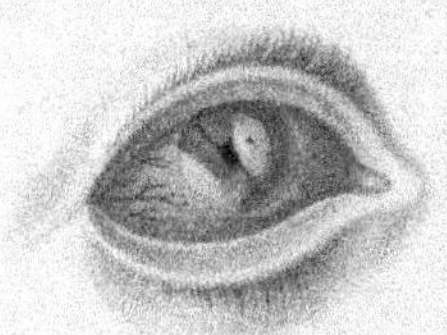

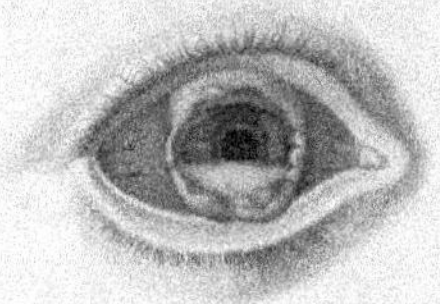

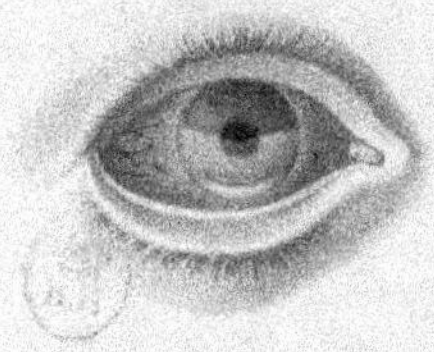

Laguiche pinx.t et direx.t
Langlois sculp.t
Massol sc.

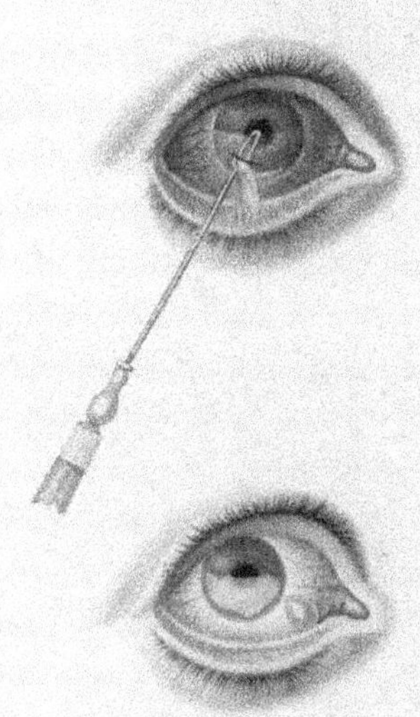

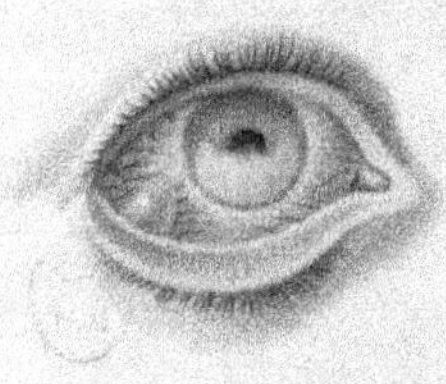

Lajoue pinx.t et direx.t   Langlois sculp.t   Dulhien sc.t

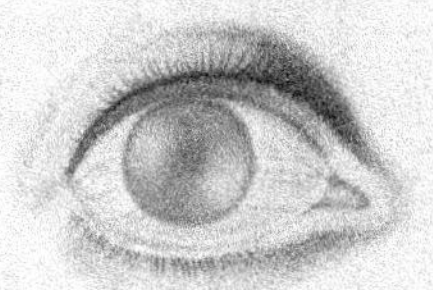

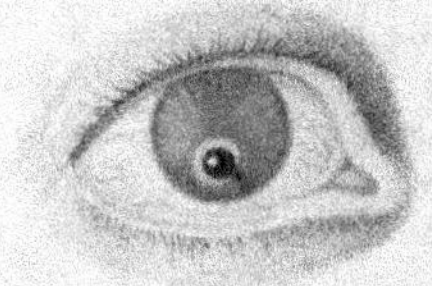

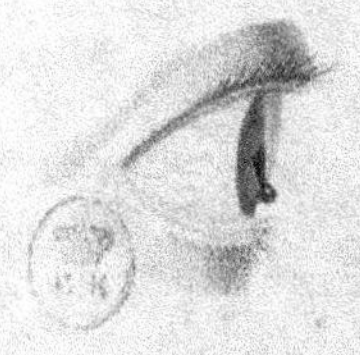

Laguiche pinx. et direx.   Langlois imp.   M.lle Bouvet sc.

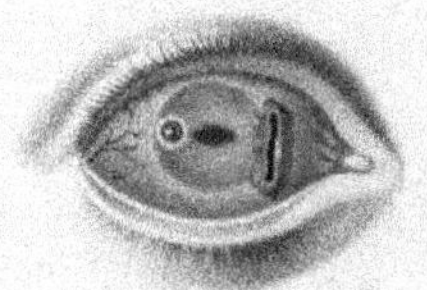

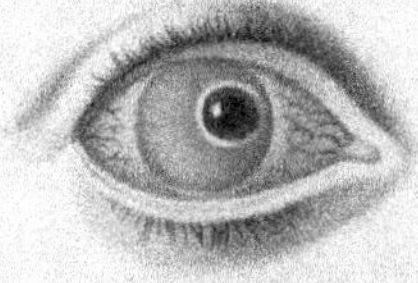

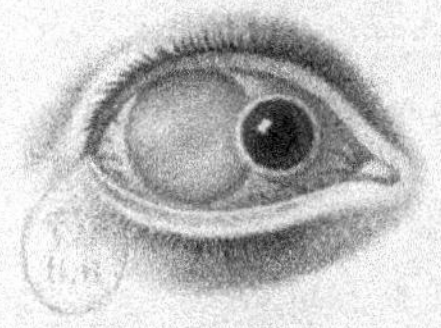

Laguiche pinx.t et direx.t   Langlois imp.t   Massol sc.

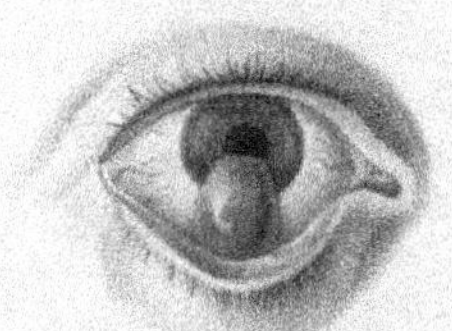

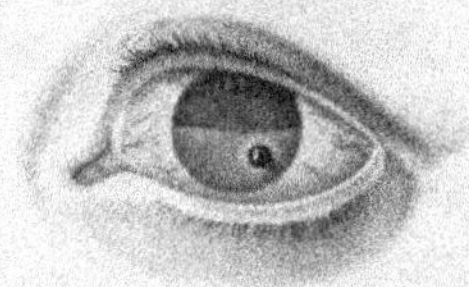

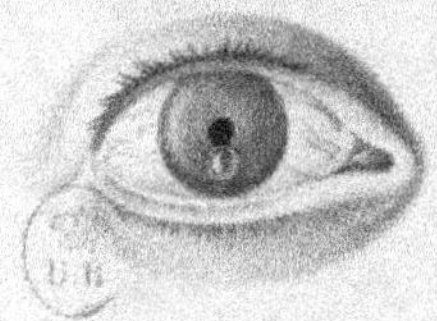

Lejeune pinxit et direxit.   Langlois sculp.   Pinel sc.

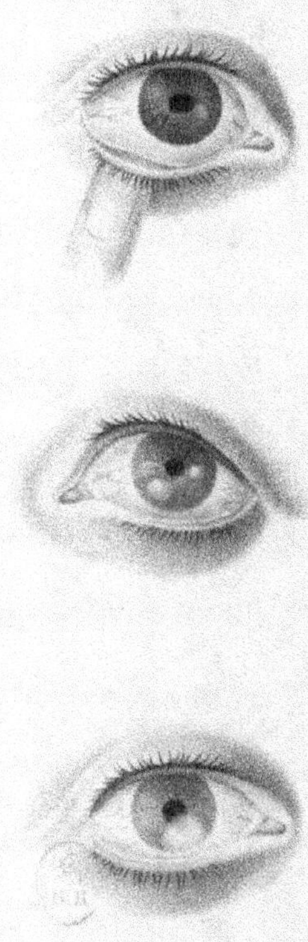

Laquerie Pinx.t et Dess.t   Imp.e par Langlois   Boutheir sc.

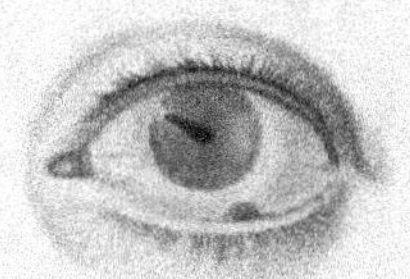

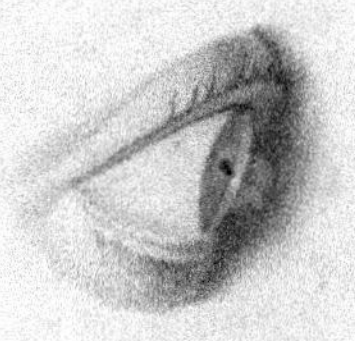

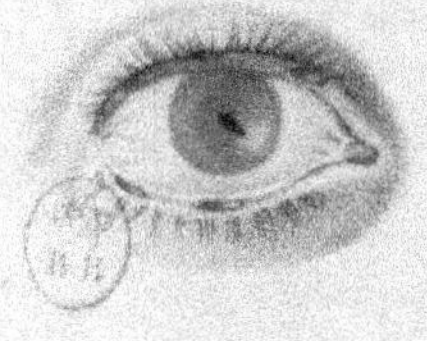

Laguiche Pinx.t et Direx.t   Imp.e par Langlois   M.me Brunet s.c

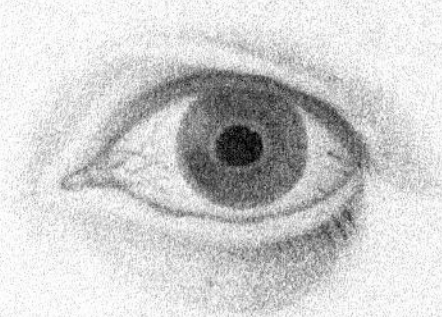

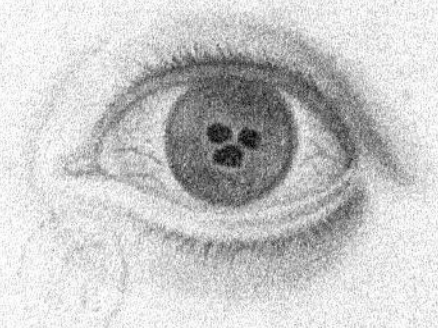

Lagueche pinx.t et direx.t   Langlois imp.t   Prud'hon sc.

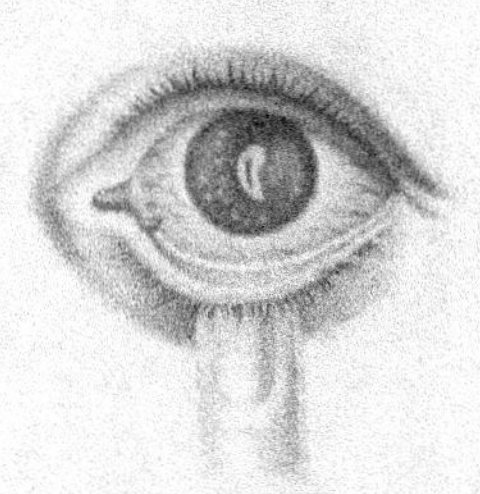

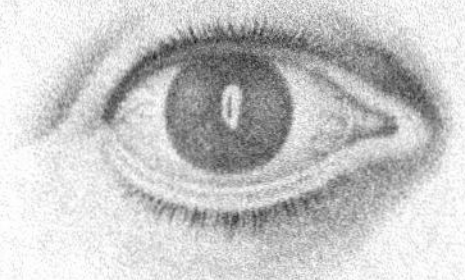

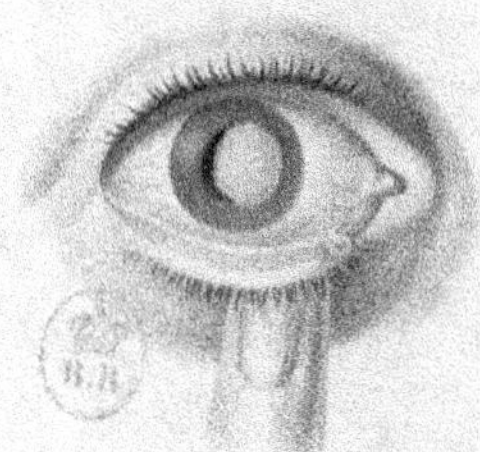

Laquiche pinx.t et direx.t   Langlois imp.t   — A. de Castel sc.

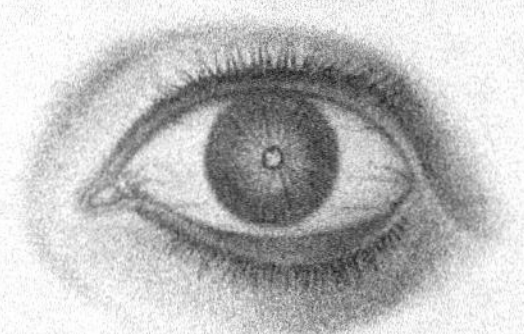

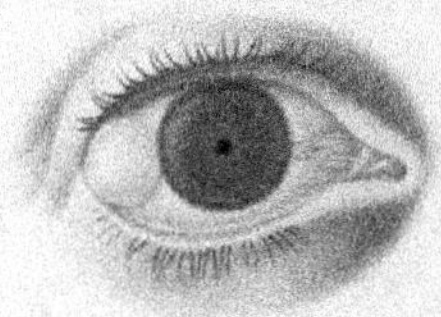

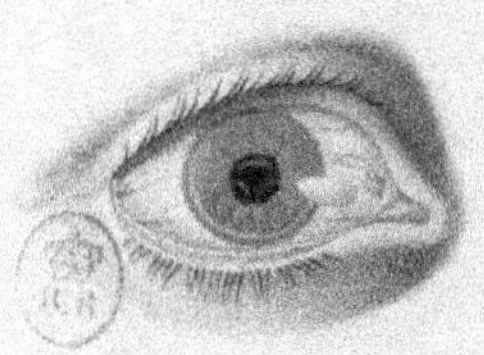

Lagneche pinx.t et direx.t   Langlois imp.t   Sophie Gaideniers sc.

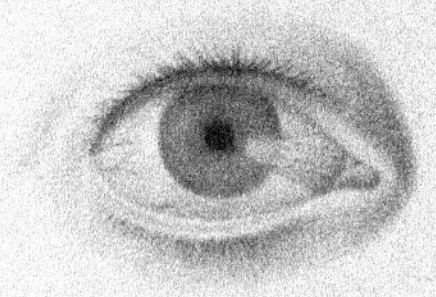

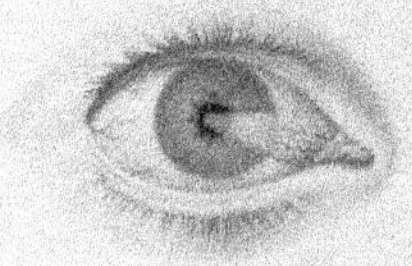

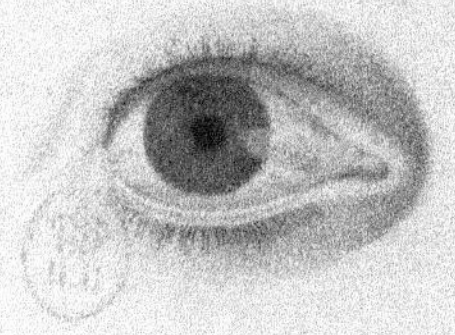

Laguiche pinx.t et direx.t   Langlois imp.r   Seb.en Lefevre sc.

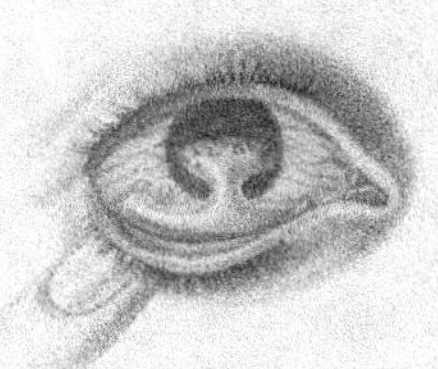

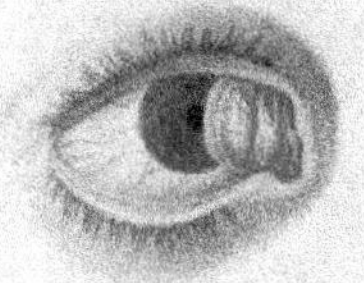

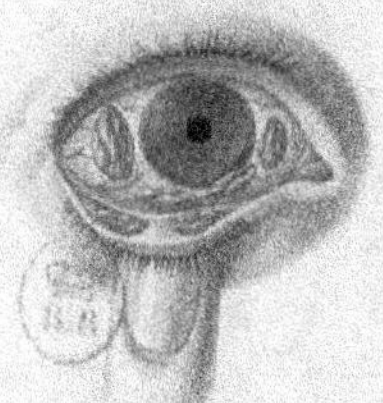

Farache pinx.t et dess.t   Langlois sc.t   Sophie Audebran sc.

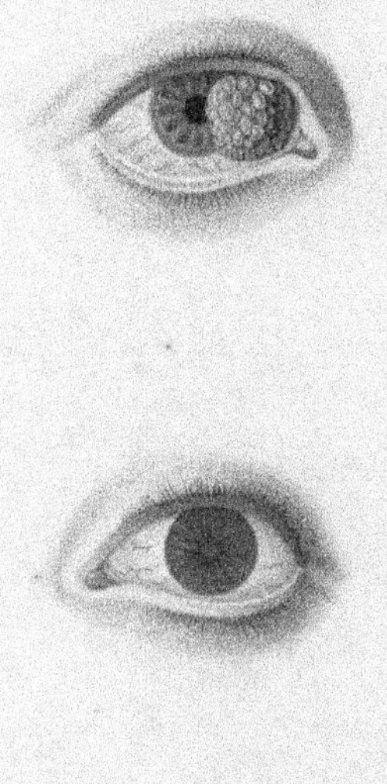

Laguiche pinx. et direx.   Langlois imp.   H. Cardon sc.

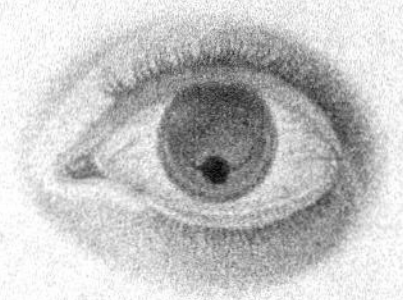

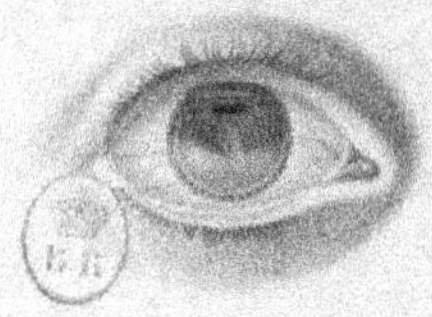

Laguiche pinx.t et direx.t   Langlois imp.t   Sophie Sixdeniers sc.t

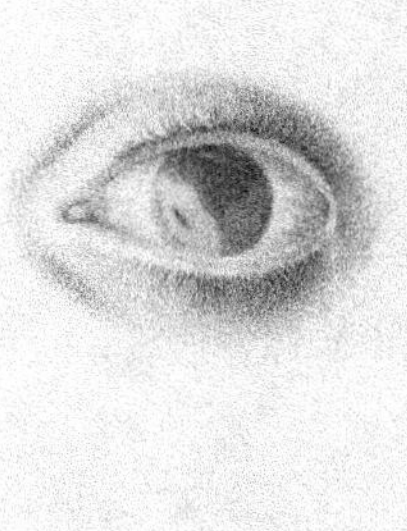

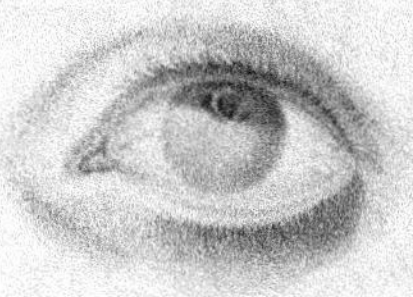

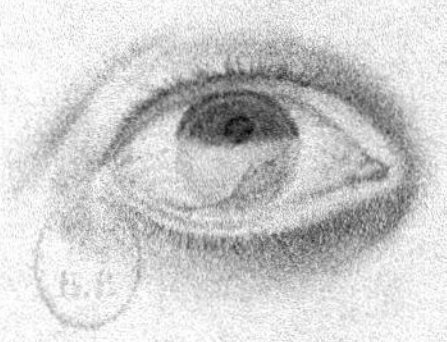

Lagueche pinx.t et direx.t — Langlois imp.t — Ravenet sc.

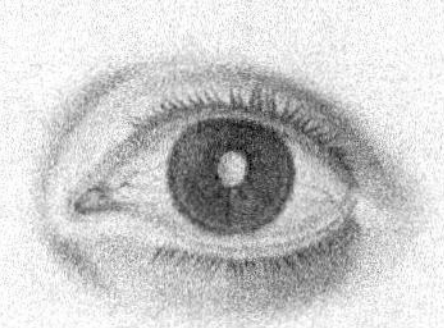

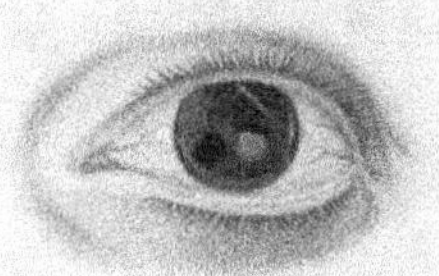

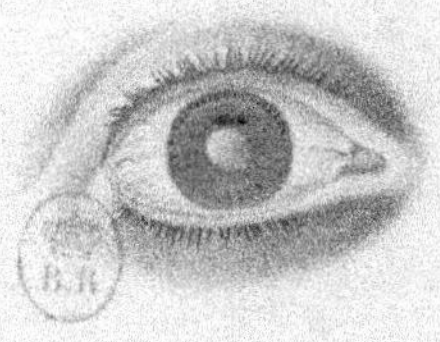

Layruché pinx.t et direx.t   *Langlois imp.t*   *Prud'hon sc.*

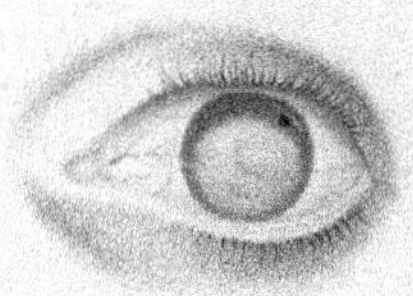

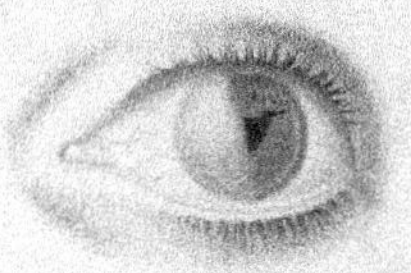

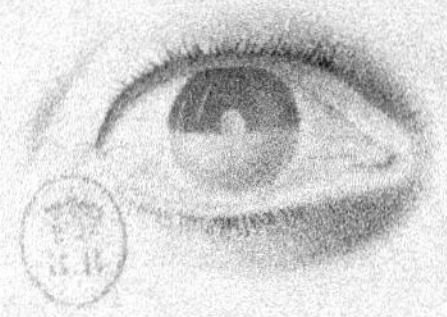

Lagrue pinx.t et direx.t   Langlois imp.t   Fanny Soyau sc.

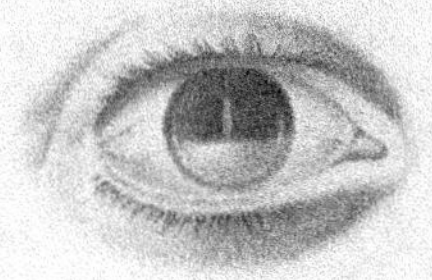

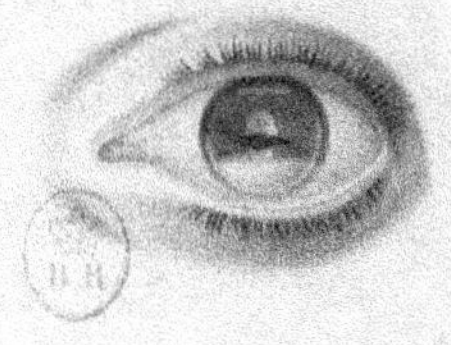

Laguiche pinx.t et direx.t   Langlois imp.t   Prud'hon sc.

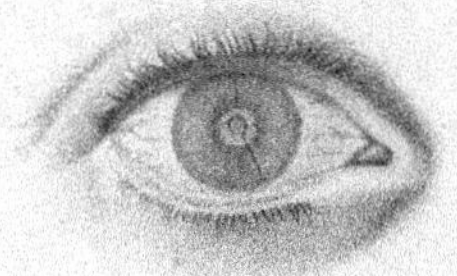

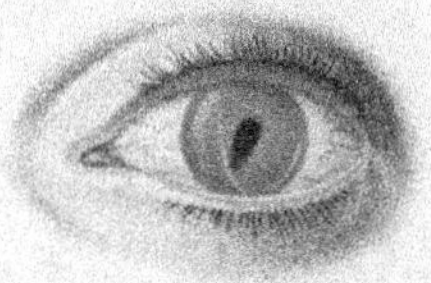

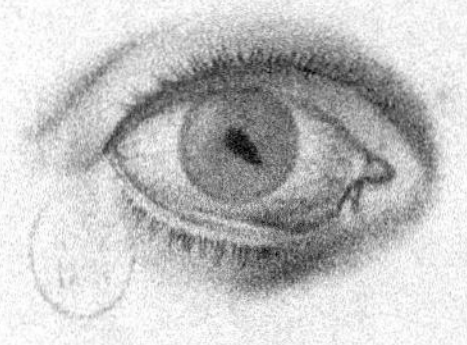

Laguiche pinx.t et direx.t   Langlois imp.l   Benoist sc.

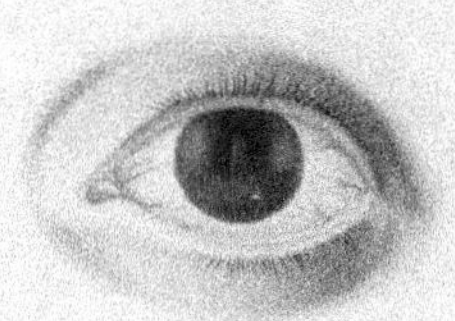

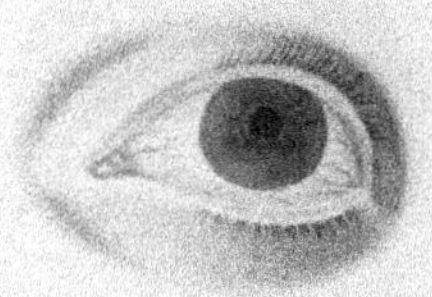

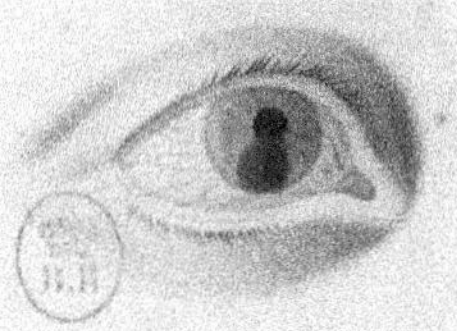

Laqueille pinx.t et direx.t   Langlois imp.t   Schmeltz sc.

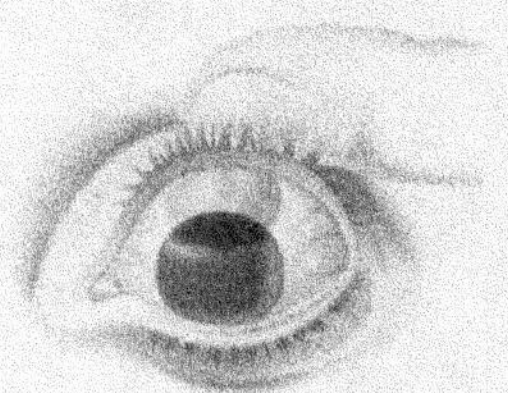

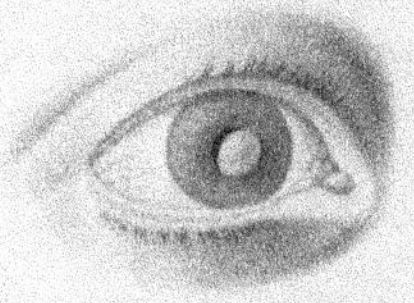

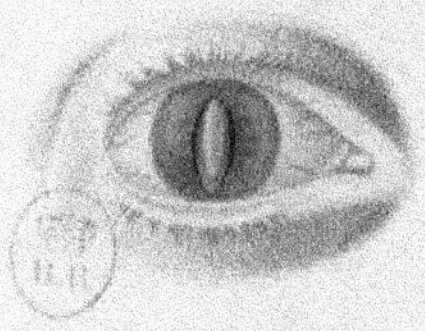

Laguiche pinx.t et direx.t   Langlois imp.   Paul hon sc.

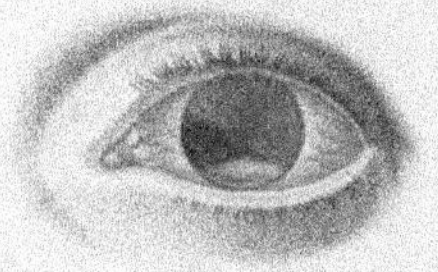

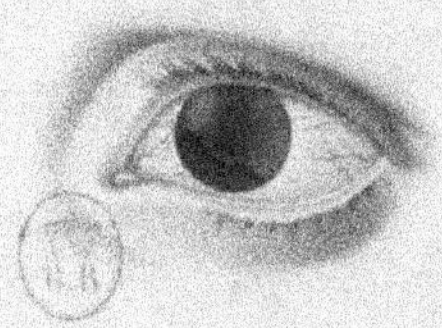

Lagache pinx.t et direx.t   Langlois imp.t   Hémard sc.

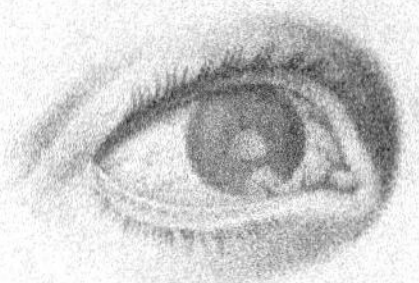

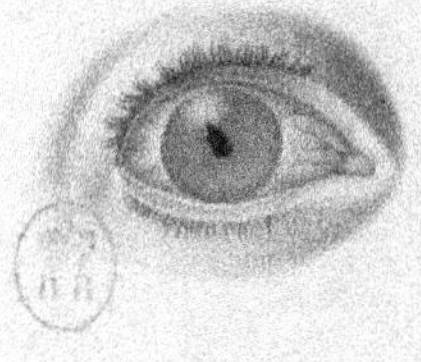

Lavigne pinx. et direx.   Langlois sculp.   Sold. Lefevre r.

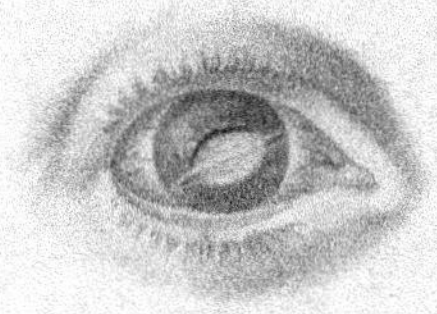

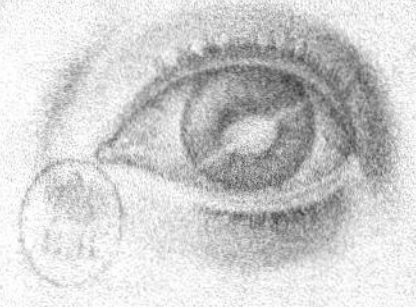

Laguiche pinx.t et direx.t   Langlois imp.t   Benoist sc.

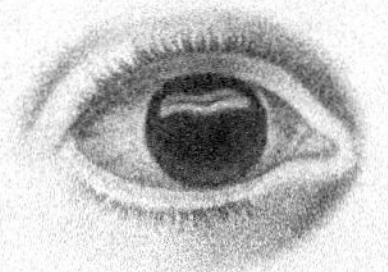

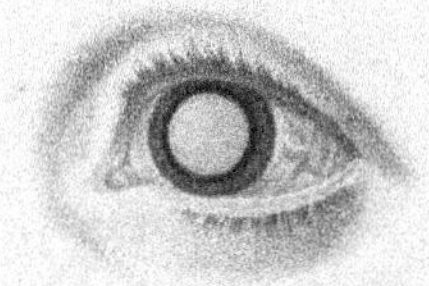

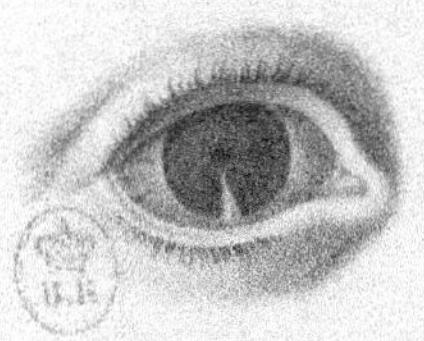

Lagache pinx.t et direx.t   Langlois imp.t   Benoist sc.

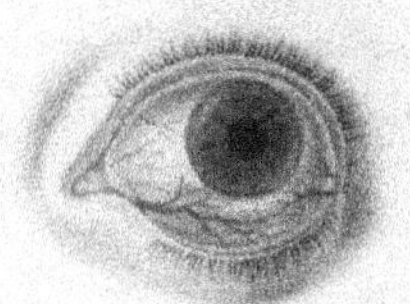

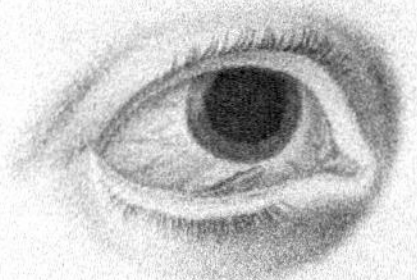

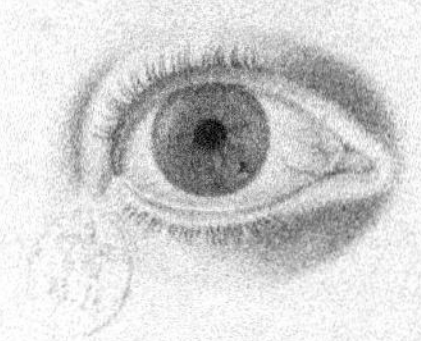

Laguiche pinxt et dirext   Langlois imp.   Sophie Sixdeniers sc.

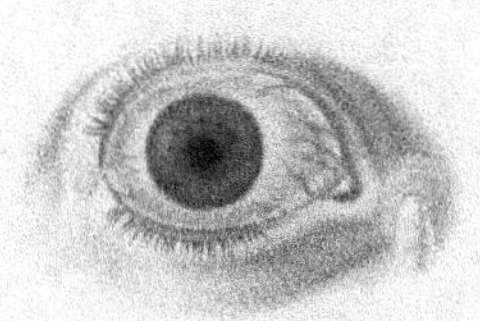

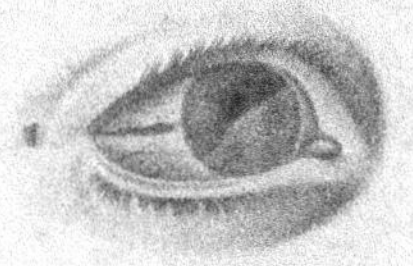

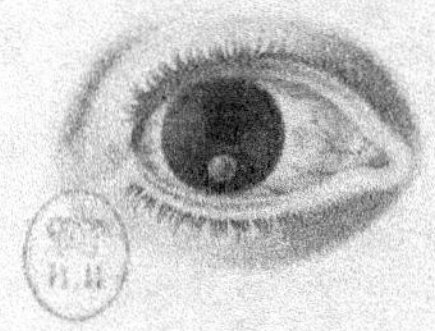

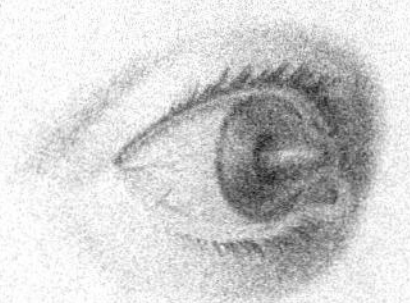

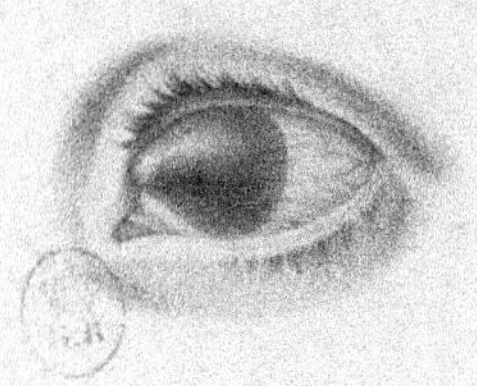

Laquoche pinx.t et direx.t   Langlois imp.t   Benoist sc.

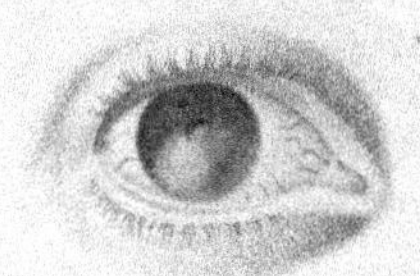

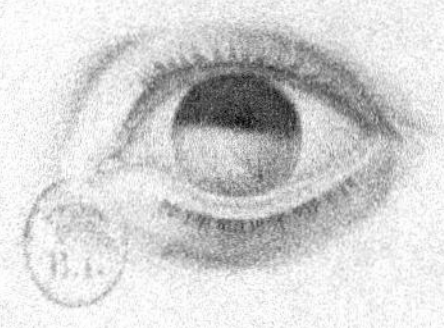

Laquiche pinx.t et direx.t   Langlois imp.t   Roud hen sc.

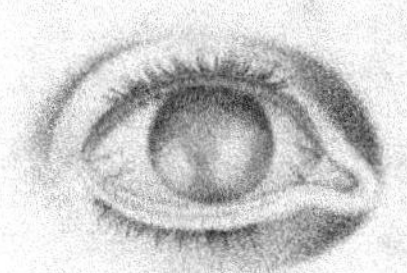

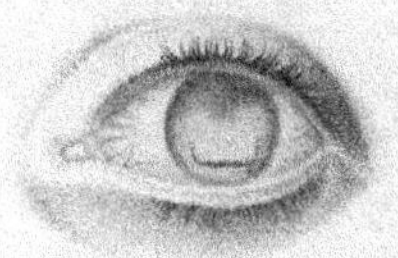

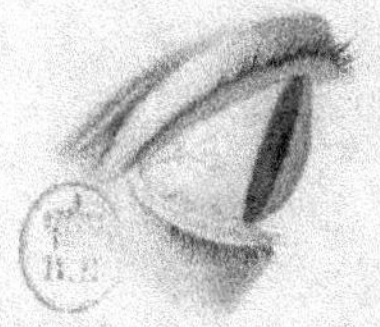

Lorquin pinx. et direx.   Langlois imp.   Prudhon sc.

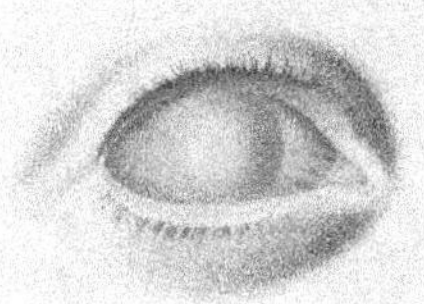

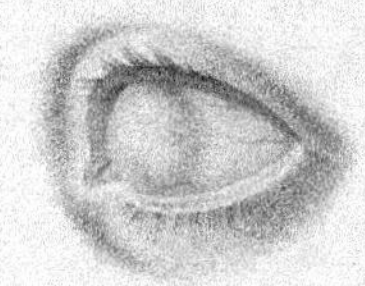

Lagasche pinx.t et direx.t   Langlois imp.t   Fanny Legau sc.

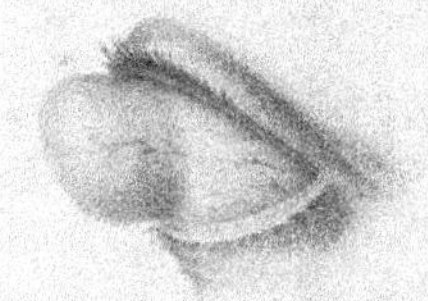

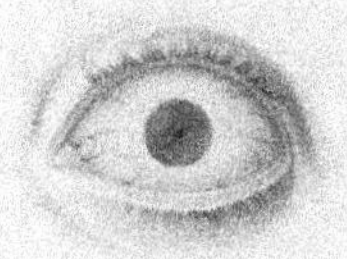

Laguiche pinx.t et direx.t   Langlois sculp.t   Benoist sc.

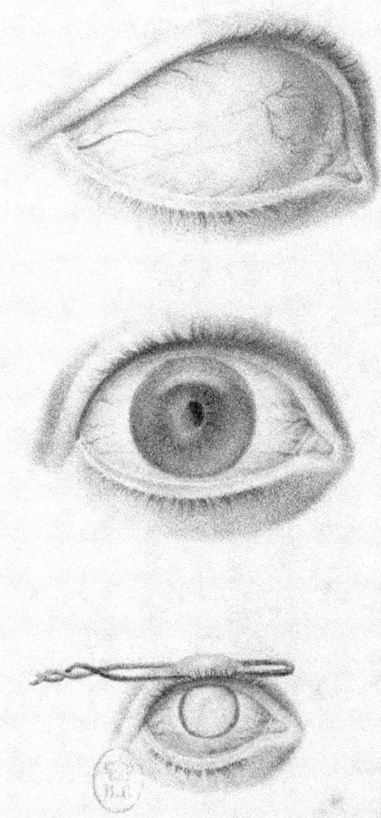
Laqueste pinx.t et direx.t   Langlois sculp.t   Bonnet sc.

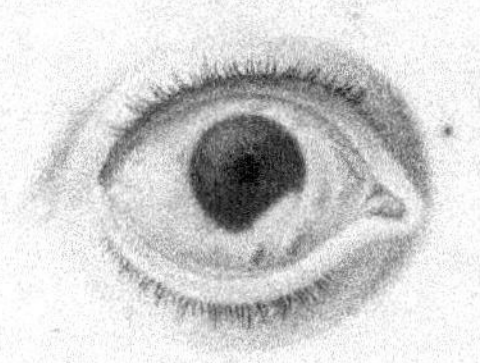

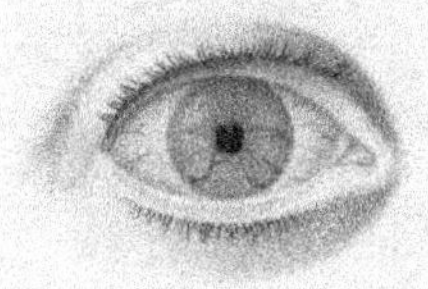

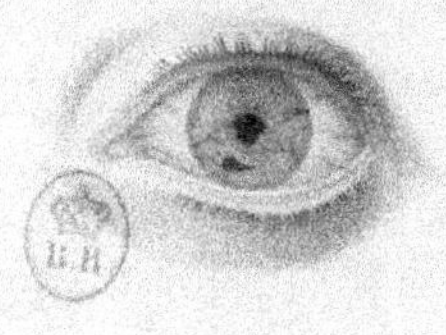

Lagueche pinxt et direx.   Langlois imp.   Sophie Suedienne sc.

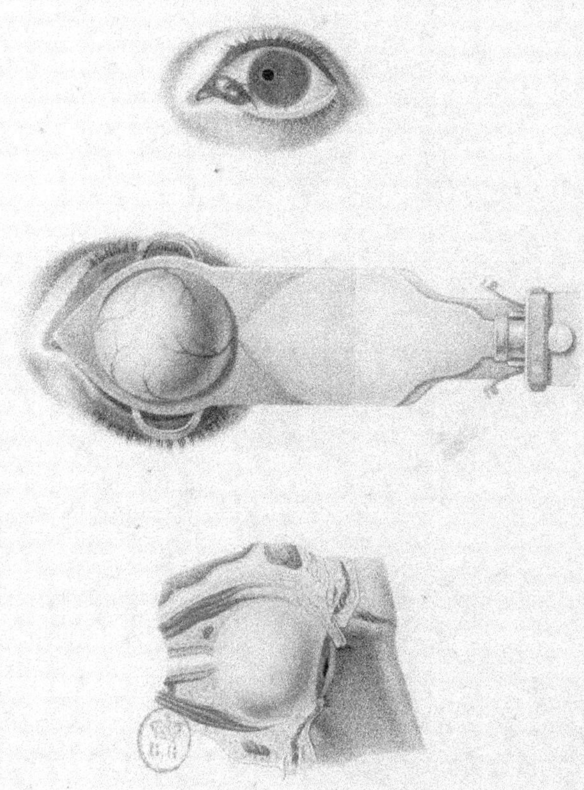

Jacquin pinx.t et direx.t   Langlois imp.r   Sophie Lodoment sc

www.ingramcontent.com/pod-product-compliance
Lightning Source LLC
LaVergne TN
LVHW021637060726
842527LV00003B/702